행복한 나라에서 살면 나도 행복할까?

행복한 나라에서 살면

나도 행복할까 ?

행복의
비밀을
찾아
떠난

한
대한민국
청년의

인문학적
행복
관찰기

전
병
주
지
음

앤의
서재

행복한 나라에서
행복한 사람들을
만나 얻은
행복의 원리

●

대체 왜 행복한 나라는 따로 있다는 걸까? 행복한 나
라를 정녕 순위로 매길 수 있을까? 그 나라에서 살
면 나도 행복해질 수 있을까? 행복하다고 불리는 나라
와 그 나라에서 살아가는 사람들을 직접 보고, 듣고, 느
끼며 복잡한 삶의 이유와 삶을 더 의미 있게 살아갈 방
법에 대해서 생각해보고 있다. 그리고 이 귀한 경험을
글로 써서 다른 이들과 공유하고자 한다.

2009. 2. 2

아르헨티나 부에노스아이레스에서

아르헨티나의 한 게스트하우스 로비에서 덜컹대는 가슴을 진정시키며, 이 책의 첫 장을 적어내린 지도 벌써 10년이 지났다. 팍팍한 사회로의 첫걸음을 앞두고 스물여섯의 나는, 한국에서 살아가는 청춘들을 위해 행복에 대한 작은 생각의 변화를 만들어보고 싶었다. 그래서 달랑 배낭 하나와 비디오 카메라 한 대를 들고 이른바 행복하다는 나라를 직접 찾아가보기 위해 비행기에 올랐다. 그리고 약 8개월의 긴 여정 동안 11명의 전문가들에게 행복에 대해 조언을 구했고, 행복한 나라로 꼽히는 5개 나라에서 150여 명의 사람들을 만났다. 나는 이것을 프로젝트 〈행복의 차원〉이라고 불렀다.

당시 20대 중반이었던 나는 어느새 30대 중반의 아저씨가 되어버렸다. 한국에 돌아오자마자 대학 친구들과 함께 광고 만드는 일을 시작하면서, 졸업도 하기 전에 사회생활을 시작했다. 사랑하는 아내를 만나서 연애를 했고, 억수 같이 장대비가 쏟아지던 어느 초여름 날 결혼을 했다. 토끼 같은 아이 둘을 낳아 아빠가 되었고, 여전히 서울 하늘 아래에서 광고를 만들며 살아가고 있다. 그렇게 현재도 10년 전과 마찬가지로 여전히 행복을 찾아 고군분투 중이다.

사실 이 책의 내용 대부분은 해외를 떠돌며 이 프로젝트를 진행하던 시기와 귀국 직후에 집필했다. 그리고는 보관용 외장하드 속 한 귀퉁이에 담겨진 채, 서랍 안에서 오랜 세월 방치됐다. 10년 이상 마무리 짓지 못했던 행복에 대한 고민을 나는 왜 이제 와서 다시 꺼내들게 된 걸까.

여행을 마치고 돌아왔을 당시, 이미 손 안에 나와 내가 아끼는 사람들을 행복하게 해줄 '절대적이며 상대적인 행복의 비밀'을 들고 있다고 생각했다. 그 사실만으로도 너무나 벅차고 행복했다. 하지만 대한민국에서 살아가는 사람들이 그 행복의 비밀들을 당장 실행하기에는 무리가 있다는 걸 깨닫는 데는 그리 오랜 시간이 걸리지 않았다. 내가 하는 이야기는 그저 '빛 좋은 개살구' 정도의 얘기로 치부될 게 뻔했으니까. 그래서 '매우 바쁨'을 핑계로 이 프로젝트에 대한 무거운 책임감을 내려놓고 말았다.

　사회에 나와 실무를 하다 보면 "학교 다닐 때 배운 지식은 아무짝에도 쓸모없어. 처음부터 다시 배워야 해! 실무는 달라." 하고 조언하는 선배들을 종종 만나게 된다. 하지만, 이는 틀린 말이다. 이제 막 사회생활을 시작해서 당장 업무기술을 익혀야 하는 신입사원에게는 꽤 어울리는 조언이 될 수 있지만, 경력이 쌓이고 무언가를 결정해야 하는 위치에 올라갈수록 학창시절 배웠던 해당 분야의 기초 원리와 이론들이 방향을 잡아주고 뼈대를 튼튼히 해주는 역할을 하기 때문이다. 최근 행복에 있어서도 이러한 기본이 매우 중요하다는 사실을 절감하고 있다. 그래서 서랍 속에 처박혀 있던 외장하드를 꺼내 먼지를 털어내고 이 책을 마무리 짓기로 마음먹었다.

　10년 전에 나는 프로젝트의 결과로 얻은 절대적이고 상대적인 행복의 비밀을 우리나라 사람들은 도저히 받아들일 수 없을 것이라고 생각했다. 모든 이들이 하루하루 살아가는 것만으로도 매우 지쳐 보였기 때문이다. 당시에는 눈앞에 산적한 일들을 쌓아두고 행복을 위해 고민하고 행동한다는 것 자체가 어쩌면 사치일지도 모른다고 생각했다.

그럼 10년이 지난 지금, 그 시절에 비해 우리의 상황은 좀 나아졌을까. 물론 개인차는 있겠지만 현재 우리의 삶이 10년 전에 비해 딱히 여유 있고 행복해 보이지는 않는다. 어쩌면 대부분은 그 시절보다 더 바쁘고 경쟁적으로 살고 있는지도 모르겠다.

그래서일까. 요즘 사람들은 개인의 행복에 더 필사적인 모습을 보인다. 워라밸, 욜로, 소확행, 가심비…… 마치 행복의 지푸라기라도 잡기 위해 말초신경까지 작동시키기 시작했다는 느낌을 받을 정도다. 그러나 그 행복이라는 것이 무언가를 내려놓거나, 포기하거나, 주변을 신경 쓰지 않는 것 같이 지극히 개인적인 부분에만 초점이 맞춰져 전파되어지는 건 아닌가 조금 우려가 된다. 실제 유행처럼 나타났다가 사라지고, 다시 형태만 살짝 바꿔 등장하는 이런 행복의 방식들이 원래의 의도와 다르게 부정적인 영향을 미쳐 이따금씩 화두가 되기도 하니 말이다. 하지만 이런 현실을 부정하고 싶지는 않다. 우리나라에도 이토록 행복의 갈증을 느끼는 사람이 많구나, 나뿐만이 아니었구나, 하는 생각에 일종의 전우애를 느끼기도 한다.

결국 목표는 개인의 행복이다. 다만, 이 시점에서 우리는 행복의 방향성을 잡아주고 뼈대를 튼튼히 해줄 기본에 대한 이해가 좀 더 필요하다고 생각한다. 분명 행복에도 기본이 있다. 그리고 언제나처럼 그 기본은 쉽사리 가치를 잃지 않는다. 다양한 환경에서 수없이 많은 사람들로부터 공통적으로 인정되고 통용되는 기본 말이다. 거창하게 포장했지만, 내가 이 책을 통해 이야기하고자 하는 절대적이고 상대적인 행복의 비밀이라는 것도 결국 이 기본에서 벗어날 수 없다.

어느덧 나이의 앞자리 숫자가 바뀐 삶을 살고 있는 나는 지금도 매번 다른 형태의 행복에 갈증을 느낀다. 그리고 그때마다 10년 전 '행복하다고 인정받은' 나라를 찾아다니며 경험한 행복의 기본 원리가 올바른 결정을 하고 흔들리지 않도록 지탱해주고 있다.

행복……, 뉘앙스가 퍽 세련되지는 않지만 이토록 따뜻하고 편안한 정서를 제공하는 단어가 세상에 또 있을까. 10년 전 진행한 프로젝트의 기록과 이후 깨달은 행복의 기본 원리를 이 책에 조금은 투박하지만 진심을 다해 담았다. 이 책을 읽는 독자 역시, 행복의 비밀을 만나고 모두 행복의 차원으로 무난히 들어갈 수 있기를 온 마음을 다해 바란다.

2019년 12월,
전병주

Contents

Step I

행복을 위한 가설

행복한 나라에서 살면
진짜 행복할까?

'행복'에 던지는 사소하지만

근원적인 질문들

2007년 가을, 나는 신문방송학을 공부하는 평범한 대학생이었다. 덧붙이면, 갓 제대하고 신사동에 있는 한 DMB 라디오방송국에서 아르바이트로 방송작가 일을 시작하며 들떠 있던 풋내기였다. 그런데 어느 날, 한 가지 궁금증이 내 머릿속을 온통 장악해버렸다.

"뉴욕 월스트리트에서 성공한 증권투자가와 몽골 초원에서 양을 치는 목동. 과연 이 둘 중 누가 더 행복할까?"

이 짧지만 심오한 질문은 머지않은 시기에 나를 전혀 다른 세계로 데려다놓은 장본인이 되었다. 과연 이 둘의 행복을 비교하는 것이 가능하긴 한 것일까. 분명 행복은 주관적인 개념일 텐데. 아니다, 행복은 진짜 주관적일까? 절대적 가치일까, 상대적 가치일 수도 있을까? 그 크기를 양으로 표현할 수 있을까, 없을까? 궁금증이 꼬리에 꼬리를 물었다.

이렇게 한창 '쓸데없는' 고민을 하고 있을 무렵, 재수를 해서 대학에 간 나와는 달리 제때 대학에 들어갔던 친구들은 이미 취업전선에 뛰어들 준비를 하거나, 그 전쟁터에서 허우적거리고 있었다. 거리에도 어딜 가나 (정장을 입었건, 잠바를 입었건, 교복을 입었건) 바쁘게 돌아가는 세상 한가운데에서 전쟁을 치르느라 무표정한 얼굴들뿐이었다.

왜 대한민국은 이리도 바쁘게 돌아가는 걸까. 무엇을 위해 우리는 이런 '바쁨'에 헌신하며 살아가는 걸까. 그렇게 살기만 하면 눈에 보이는 경제적 지표나 정치적 성과라는 사회적 목표 말고도, 개인의 만족과 행복 또한 얻을 수 있는 걸까. 이러다가 직장과 사회에 나 역시 행복의 주도권을 맡겨버리게 되는 건 아닐까, 혼란스러웠다.

세상물정 모르는 대학생의 진지한 호기심은 점점 커져만 갔다. 그러나 궁금증과 질문의 수가 많아질수록 섣불리 판단할 수 없는 영역의 문제가 되어가고 있었다. 그렇다. 그런 고민할 시간에 남들처럼 토익 점수를 올리고 스펙이나 쌓을 일이지, 그렇게 혼자 골똘해 한다고 답이 나올 리도 없지 않은가. 수천 년의 시간 동안 철학자들과 현인들조차 해결하지 못한 문제임이 분명했으니까 말이다.

하지만 쉽게 포기가 안 됐다. 점점 원초적으로 변해가는 나의 궁금증을 풀 수 있는 유일한 방법은 사실 첫 질문에 있었다. 나의 호기심을 불러일으킨 근원, 뉴욕 월스트리트 증권투자가와 몽골 초원의 목동을 직접 만나서 얘기를 들어보면 되는 게 아닌가. 정말이지 당장 뉴욕과 몽골로 날아가고 싶었다. 그리고 그로부터 2년이 채 되지 않은 어느 날, 나는 결국 21킬로그램짜리 백팩을 메고 세계를 떠돌고 있었다.

아무튼 허무맹랑한 나의 프로젝트 〈행복의 차원〉의 여정은 그렇게 시작됐다. 뉴욕의 성공한 증권투자가와 몽골 초원의 양치기 목동 중 누가 더 행복할까에 대한 나의 결론을 지금 이 장에서 공개할 수는 없지만, 한 가지 힌트를 주자면 '행복은 당신의 마음속에 있지 않다'는 것이다. "행복은 각자의 마음속에 있습니다. 마음을 다스려서 스스로 행복해지세요!" 같은 류의 뻔한 결론을 내리려고 무거운 배낭을 메고 여러 나라를 돌며 그 많은 사람들을 만났던 건 아니니까.

그리고 한 가지 더. 이 책에서 말하는 '답'은 어디까지나 내가 그동안 모은 객관적 자료, 직접 만났던 사람들과 전문가들의 인터뷰를 토대로 한 나의 주관적 결론임을 미리 밝혀둔다. 그 결론이 맞든 틀리든, 이 책을 통해 모두가 행복이라는 쉽게 잡히지 않는 무언가를 솔직하게 마주하고, 진지하게 고민해보는 시간을 가질 수 있었으면 하는 바람이다.

소확행을 넘지 못하는

이 시대의 행복

'행복이란 무엇일까?'

조금은 닭살 돋는 이 질문을 스스로에게 던져보고 진지하게 고민해본 적이 있는가? 우리 모두는 각자의 삶이 행복하길 간절히 소망한다. 그러나 안타깝게도 딱 거기까지인 경우가 대부분이다. 행복이 무엇이고, 어디에서 오는지에 대해 고민하기 전에 그저 행복해지고 싶기만 할 뿐이다.

나 역시 마찬가지였다. 내 멋대로 상상의 나래를 펼치면서 '이렇게 되면 행복하겠지? 저것을 하면 행복하겠지?'를 반복했다. 덕분에 머릿속엔 불가능해 보이는 목표들로 가득 찼고, 무언가 시작도 해보기 전에 겁을 잔뜩 먹어 행복한 상상은 바람 빠진 풍선처럼 쭈그러들기 일쑤였다. 하지만 행복에 대해 진지한 관심을 갖게 된 후 접하게 된 각종 데이터들은 그동안 내가 얼마나 주관적이고 얕은 공상만 펼쳐왔는지 깨닫게 했다. 그토록 행복을 소망했으면서도 말이다.

최근 행복에 대한 접근이 폭 넓게 이루어지고 있다. 패러다임 역시 극적으로 변하고 있다. 조금은 딱딱할 수 있지만, 지금부터 꺼내는 이야기는 행복을 원하는 당신과 행복을 찾아 떠나는 여정을 시작하기 전에 반드시 짚고 넘어가야 할 부분이다.

현재를 살아가는 우리뿐 아니라, 인류 역사를 통틀어 행복은 분명 중요한 이슈였다. 아마도 인류가 처음 이 세상에 존재하기 시작했던 그때부터 사람들은 행복한 삶을 추구했을 것이다. 구약성서에 등장하는 태초의 인간 아담과 하와는 모든 것이 풍족한 에덴 동산에 살았다. 그러나 뱀의 속임수에 넘어가 하나님의 규율을 어기고 선악과를 범하고 말았다. 왜 그들은 신이 주신 에덴 동산에서의 삶에 만족하지 못하고 욕심을 냈던 걸까. 단지 뱀의 유혹 때문이었을까?

영토 확장과 종교 대립 등을 이유로 헤아릴 수 없이 많은 사람들이 희생됐던 시대, 한 나라가 다른 나라를 식민지로 만들고 그 민족을 지배하던 시대, 자신과 다른 이념을 지닌 자들을 향해 포탄을 날리는 것을 마다하지 않던 참혹한 시대, 그렇게 자신들이 원하는 이득을 취하기 위해 서로를 무너뜨리고 짓밟기를 주저하지 않는 시대는 현재도 이어지고 있다. 이 모든 악하고 가슴 아픈 역사가 한편으로는 개인과 공동체의 행복을 추구해온 결과라는 것은 그 누구도 부인할 수 없을 것이다.

안타깝게도 이렇듯 우리의 선조들은 개인과 공동체가 '행복하게 사는 법'에 대한 해답을 만들지 못한 채 역사 속으로 사라졌다. 그리고 다음 차례인 현재의 우리 역시 여전히 쉽사리 손에 잡히지 않는 행복을 추구하며 이를 악문 채 오늘을 살고 있다.

우리는 지금 자본주의 시대를 산다. 인류의 역사 500만 년을 하루 24시간으로 환산했을 때, 자본주의가 출현한 시간은 23시 59분 56초 정도라고 한다. 그 어느 시대에도 완벽하게 풀어내지 못한 행복의 비밀을 과연 우리는 자본주의를 통해 알아낼 수 있을까. 고작 인류 역사의 마지막 4초를 장식하고 있는 자본주의 시대는 그동안 소득을 기준으로 국가와 개인의 성장과 삶의 질을 평가해왔다.

이를 눈으로 볼 수 있게 비교해주는 가장 중요한 척도가 바로 국내총생산, GDP다. 사실 GDP라는 개념의 역사는 그리 길지 않다. 그 발단부터 그것이 발전해온 기간까지 모두 합치더라도 80년이 채 되지 않기 때문이다. 물론 GDP가 자본주의 시대에 국가의 성장을 점검하고, 다른 나라와 서로 비교할 수 있는 탁월한 아이디어였음은 분명하다. 하지만 어디까지나 한 나라의 경제적 성과를 나타내는 지표일 뿐이다. 이러한 맥락에서 단순히 소득을 넘어 직장과 가정의 균형감, 주거만족도, 의료 접근성, 환경 이슈 등을 포괄해야 하는 개인의 행복이나 삶의 질을 GDP로 퉁치듯 이야기하는 것은 더 이상 의미가 없다는 의견이 세계 곳곳에서 터져나오고 있다.

그 결과 최근에는 GDP로 국가의 행복을 판단하던 자본주의의 기존 패러다임을 바꾸는 새로운 움직임이 형성되고 있다. 하나의 방법론으로서 정립될 수 없다고 여겨져 온 '행복'이 과학적으로 탐구되고, 인터넷과 같은 도구의 발달로 전 세계를 대상으로 한 표본 조사가 가능해졌기 때문이다. 이러한 과정은 전통적으로 행복을 연구해 온 학자와 교육기관뿐만 아니라, 언론사를 넘어 UN이나 OECD 같은 범국가적인 단체, 심지어는 개별 국가와 지방 도시 차원에서의 연구와 조사를 통해 꾸준하고 세밀하게 이루어지고 있다.

앞으로 행복에 대한 다양한 접근법들이 더 많이 소개되고 알려질 것이다. 내가 행복에 대해 구체적으로 관심을 갖게 된 것 또한 이러한 연구 활동의 파편으로 인함이었다. 결국 개인의 삶은 시대를 이끌어가는 패러다임으로부터 일정 부분 영향을 받을 수밖에 없다. 어쩌면 우리는 자본주의 시대에서도 한 걸음 더 나아간, 새로운 형태의 행복을 시도하기 시작한 단계에 살게 된 아주 운이 좋은 세대일 수도 있다.

하지만 서글픈 사실은, 이런 시대의 변화 속에서도 우리나라는 여전히 '성장'에만 모두의 미래를 기대고 있는 것처럼 보인다는 것이다. 선진국이라 불리는 나라들에 대한 단순한 로망, '부를 통한 성공'이라는 맹목적인 목표, 매년 정부에서 발표하는 경제성장률에 울고 웃으며 경쟁사회에서 살아남기 위해 혼신의 힘을 다하는 사람들이 여전히 가득하다. 행복에 대한 새로운 패러다임 따위는 아직 먼 나라 이야기인 것만 같다.

이 책을 집어든 당신 또한 크게 다르지 않을 것이라고 조심스레 짐작해본다. 우리가 두 발을 딛고 살아가는 이곳은, 소위 '돈이 있으면 세계에서 최고로 살기 좋은 나라'라는 인식마저 돌고 있는 대한민국이기 때문이다. 높은 소득으로 인해 발생하는 '물질적 결과물'이 개인의 행복한 삶으로 치환될 것이라는 믿음을 부정하기 어렵다.

지금의 나는, 그리고 당신은 어떤 모습으로 오늘을 살고 있는가? 비록 자본주의 시대일지라도 맹목적 성장과 물질적 안정만을 추구해서는 개인의 삶이 행복해질 수 없다는 새로운 패러다임에 걸맞은 삶을 목표로 살고 있을까? 과연 소확행, 욜로, 워라밸, 가심비 같은 요즘 유행하는 라이프스타일은 우리에게 정말로 행복을 가져다줄 수 있을까? 분명한 건, 지금의 대한민국은 행복에 대한 태세 전환이 절대적으로 필요하다는 점이다.

행복지수,

과연 행복을 점수로 매길 수 있을까?

뉴스에서 '행복지수'라는 말을 한 번쯤 들어봤을 것이다. 이 행복지수라는 건 대체 누가, 어떤 방법으로 측정하는 걸까. 언제부터 이 용어를 사용하게 됐는지 그 시기를 정확히 파악하기는 어렵지만, 예전에는 세계가치관조사The World Value Survey 같은 조사의 일환으로 행복한 나라의 순위를 보여주기도 했다. 하지만 최근에는 학교와 기관은 물론 국가 차원에서도 행복만을 주제로 한 여러 연구 결과들이 매년 전 세계에서 꾸준히 발표되고 있다.

우리나라 사람들도 언론과 매체를 통해 공유되는 이 결과들을 꽤나 관심 있게 지켜보는 듯하다. 대개 우리나라는 몇 위이고, OECD를 비롯 다른 선진국들에 비해 순위가 낮다는 데 주목하며 한숨 쉬는 일을 반복하고 있지만 말이다.

이쯤에서 우리가 매체를 통해 접하는 행복한 국가들과 이를 목록화하는 데 사용되는 데이터에 대해 이야기를 할 필요가 있을 것 같다. 당신이 알고 있는 세계에서 가장 행복한 나라는 어디인가? 최상의 복지와 교육으로 유명한 덴마크나 스웨덴 같은 북유럽 국가인가? 아니면 전혀 행복할 거라고 생각하지 않았지만 종종 매체를 통해 가장 행복한 나라라고 소개되는 방글라데시, 부탄, 바누아투 같은 나라인가? 그것도 아니면 미국과 같이 세계에서 가장 부강한 나라인가?

사실, 어느 나라여도 상관없다. 어떤 관점에서는 모두 행복한 나라일 수 있기 때문이다. 하지만 이 시점에 당신이 가지고 있는 행복에 대한 기준이 무엇인지 생각해보는 일은 매우 중요하다. 그 기준에 따라 당신이 진짜 행복한 나라로 인정할 만한 곳이 존재할 수 있기 때문이다.

전 세계에서 발표하는 다양한 행복지수와 행복한 국가 리스트 역시 결코 다르지 않다. 서로 다른 국가와 기관, 심지어 개인이 지닌 행복에 대한 가치와 기준에 따라 그 결과가 다를 수밖에 없기 때문이다. 현재 진행되고 있고, 사람들에게 잘 알려진 몇 가지 연구를 소개한다.

세계행복보고서 World Happiness Report

UN(정확히는 UN 산하 자문기관인 '지속가능 발전 솔루션 네트워크')이 2010년부터 조사를 시작해 2012년 첫 보고서를 선보인 이후로 거의 매년 보고서를 발표한다. 세계 156개국을 대상으로 하며 GDP, 기대수명, 사회적 지지, 선택의 자유, 아량, 부정부패 등 6가지 부문을 지표로 활용하는데, 매년 특정 분야에 초점을 맞춰 보고서가 작성된다.

예를 들어, 2018년에는 이민자의 행복에 초점을 맞춘 조사가 있었다면, 2019년에는 지난 10여 년간 행복이 어떻게 진화해왔는지를 기술, 사회규범, 갈등, 정부정책에 초점을 맞추는 식이다. 우리에게 행복한 나라로 수도 없이 소개된 덴마크, 핀란드, 아이슬란드 같은 북유럽 국가들이 항상 최상위권을 차지한다.

지구촌행복지수 Happy Planet Index, HPI

영국의 진보주의 싱크탱크인 신경제재단NEF이 2006년 7월에 도입한 지수로 삶의 행복지표, 환경오염 지표, 기대지수 등을 반영한다. HPI의 지표는 일반적인 다른 조사와 그 결과에서 대조를 이루는데, 그 이유는 현재의 국가적 부Wealth와 상태만을 기반으로 행복을 측정하지 않고, 지속가능성을 더 중요시하기 때문이다.

이런 이유로 종종 일반적인 성공의 기준으로 여겨지는 부유한 서구 국가들은 HPI 지수에서 높은 순위를 차지하지 못한다. 대신 라틴아메리카와 아시아 태평양 지역의 몇몇 국가들이 훨씬 더 작은 생태학적 발자국으로 높은 기대수명과 복지를 달성하여 상위에 랭크된다.

더나은삶지수 Better Life Index

OECD에서 발표하는 자료다. 주거, 소득, 고용, 커뮤니티 활동, 교육, 환경, 시민 참여, 건강, 삶의 만족도, 안전, 일과 생활의 균형 등 11개 부문을 평가해 국가별 삶의 질을 가늠하는 지표로 2011년부터 매년 발표하고 있다. OECD에 가입된 36개국만을 대상으로 조사하므로 세계적인 평가로 보기는 어렵고, 회원국들은 이미 세계에서 목소리를 낼 수 있는 나라들이기 때문에 HPI에 비해 자본주의 성격이 짙다. OECD 평균과 비교하기를 좋아하는 우리나라에서 최근에 언론을 통해 자주 소개되고 있다.

국민총행복지수 Gross National Happiness, GNH

한 국가가 행복지수를 직접 고안하여 앞세운 사례 중 가장 유명하다. 은둔 국가로 유명한 부탄의 행복지수이다. 국민의 삶의 질과 행복감을 증진시키기 위해 GDP를 대체하는 지수로 부탄 내부에서 고안되었다. 1972년 부탄 제4대 국왕 지그메 싱기에 왕추크 Jigme Singye Wangchuck가 처음 제안했으며 2008년부터 매년 발표하고 있다. 평등하고 지속적인 사회경제 발전, 전통 가치의 보존 및 발전, 자연환경의 보존, 올바른 통치구조를 4대 축으로 9개 영역(심리적 안정, 건강, 시간 사용, 행정체계, 문화 다양성, 교육, 공동체 활력, 환경, 생활수준) 33개 지표를 통해 측정한다. 세계적인 조사로 결과가 목록화되는 것은 아니고, 부탄 내부 지표이다.

이 외에도 네덜란드 에라스무스 대학에 소재한 EHERO Erasmus Happiness Economics Research Organization의 행복에 관한 세계 데이터 베이스 World Database Of Happiness, 갤럽이 진행하는 글로벌웰빙지수 State of Global Well-being Index 등 행복을 측정하는 다양한 연구가 존재하고, 서로 다른 가치와 데이터에 의해 완전히 다른 결과로 탄생하고 있다. 예를 들어, 지구촌행복지수에 의해 2016년 전 세계에서 8번째로 행복한 나라라고 알려졌던 방글라데시는 같은 해 세계행복보고서에 따르면 순위 110위의 불행한 나라 중 한 곳일 뿐이다.

국가 차원에서 세계의 행복지수를 조사하는 곳이 부탄만 있는 것은 아니다. 심지어 북한에서 발표한 자료도 있으니 궁금하다면 인터넷에서 '북한 행복지수'를 검색해보라. 행복지수라는 게 기준에 따라 얼마든 주관적인 지표로 바뀔 수 있다는 사실을 단숨에 이해하게 될 것이다.

그럼에도 앞서 이야기한 것처럼 행복 연구를 위해 조사된 각각의 데이터는 모두 의미가 있다고 본다. 물론, 북한처럼 일부 편향된 목적을 가지고 만든 결과는 제외하고 말이다. 전 세계에 존재하는 현실이 단 하나일 수는 없기 때문이다.

세상에는 현재를 바라보는 다양한 렌즈가 존재하고, 그에 따라 같은 현실을 다르게 보고 해석하는 게 어쩌면 너무도 당연하고 자연스러운 일 아닌가. 행복과 같은 삶의 궁극적인 가치에 대해 세계의 모든 사람들이 동일한 렌즈를 갖고 있다면 좋겠지만, 그건 이상일 뿐 결국 각자의 렌즈로 투영해 사물과 현상을 해석할 수밖에 없다.

현실을 해석하는 렌즈는 국가단위 뿐만 아니라 동일한 국가에 사는 개인들에게도 서로 다르게 존재한다. 우리나라에서도 누군가는 유럽 신경제재단의 HPI를, 누군가는 OECD의 더나은삶의지수를, 또 누군가는 부탄의 GNH를 각자의 현실 안에서 가장 가치 있는 개념으로 서로 다르게 받아들일 것이다. 그러므로 만약 당신이 '측정되어지는 행복', 그러니까 행복지수나 행복 순위에 관심이 있다면, 단편적 결과를 이내 사실로 받아들이기 전에 각각의 결과물 뒤에 숨은 배경을 유심히 살펴볼 필요가 있다. 이는 단지 행복을 바라보는 일일뿐 아니라, 다양한 정보가 넘쳐나는 세상에서 한 자아가 스스로의 삶을 주도적으로 만들어가는 과정 중 하나이기도 하다.

자, 그래서 과연 어느 나라가 세계에서 가장 행복하다는 말인가? 더 이상 '가장'이나 '최고'와 같은 단어에 휘둘리지 말자. 결국 행복은 개인의 영역이고, 누군가 만들어둔 데이터 따위에 내 삶이 휘둘릴 필요는 없기 때문이다. 그럼에도 이 연구 결과들이 국가와 사회, 그리고 우리들 각자에게 의미를 갖는 건, 이를 통해서 우리가 행복의 보편적 기준을 참고할 수 있기 때문일 것이다.

행복한 나라 사람들에게 던진

공통 질문들

전 세계에서 가장 행복하다는 나라를 방문해 그 나라 사람들의 이야기를 들어보는 프로젝트 〈행복의 차원〉을 준비하기 시작한 이유는 끊임없는 고민 끝에 내린, 내 호기심만큼이나 단순하고 직설적인 가설 때문이다.

프로젝트 〈행복의 차원〉의 가설

행복한 나라로 평가되는 나라들은 각자 처한 상황이 다르

다. 만약 그들 모두에게 공통된 질문을 던졌는데 공통된 답변이 발견
된다면 어떨까? 그것이 또 다른 국가에 살고 있는 나와 우리나라 사
람들에게도 적용할 수 있는 '일반적 사실'일 수 있지 않을까. 그것
이 무엇인지 알게 된다면 나와 대한민국은 지금보다 더 행복해질 것
이다.

이 가설을 다시 써놓고 보니, 나도 어지간히 막무가내라는 생
각이 든다. 심지어 이 설익은 가설을 검증해보겠다고 전 세계의 비
행기표를 검색한 청춘의 용기가 가상할 정도다. 아무튼 나는 이 가설
을 바탕으로 다섯 가지 공통 질문을 만들었고, 어느 나라에서 누구
를 만나더라도 이 질문을 던져보기로 했다. 이는 결국 프로젝트를 마
친 후 내가 내리게 될 결론의 객관성을 확보하는 데도 절대적인 역할
을 해줄 것이다.

다섯 가지의 공통 질문

1. 지금 행복하세요? Are you happy?

2. 무엇이 당신을 행복하게 하나요? What makes you feel happy?

3. 지금 걱정하는 건 무엇인가요? What are you worried about?

4. 돈이나 자동차 같은 물질적인 요소가 당신에게는 어떤 의미
   인가요? What does material things mean to you?

5. 인생의 목표를 말해주세요 What is your goal for your whole life?

이 질문을 만드는 과정에서 두 가지에 집중했다. 첫째, 누구에게나 쉬워야 한다. 모든 질문은 질문을 받는 사람뿐만 아니라 나에게도 쉬울수록 좋았다. 그래야 현지어에 익숙하지 않은 내가 가볍게 툭 질문을 던질 수 있을 테고, 질문을 받는 사람들 역시 부담 없이 자신의 생각을 솔직하게 이야기해줄 테니 말이다. 굳이 어려운 단어를 사용해서 내 말을 알아듣지 못하거나, 그들이 좀 더 멋있는 말을 하기 위해 고민하게 된다면 누구에게도 도움이 되지 않을 건 자명하다.

둘째, 누구든지 질문에 대답할 수 있어야 한다. 지구본 위에 존재하는 모든 나라는 역사, 문화, 정치, 경제 등에서 처한 상황이 너무도 다르다. 같은 나라에서 살아가는 사람들 또한 각자 처해 있는 상황에 따라 삶의 형태가 다양하다. 내가 찾아가게 될 나라들 또한 행복한 나라를 보여주는 리스트에서 상위권에 있다는 공통점을 빼고는 나라별로 처한 환경과 사람들의 상황이 천차만별일 수밖에 없다. 따라서 공통 질문은 모두의 상황을 포괄하는 아주 개념적인 접근이어야 했고, 동시에 누구나 대답할 수 있는 쉬운 것이어야만 했다.

가설과 공통 질문이 정리되자 비로소 확신 없이 붙잡고 있던 프로젝트를 본격적으로 시작할 용기가 생겼다. 가설이 황당할 정도로 간단했기 때문에 실행 단계에서 감당해야 할 일들이 많을 거라는 건 꿈에도 몰랐지만 말이다.

이제 나는 다섯 가지 질문과 커다란 배낭 하나, 비디오 카메라를 들고 여러 나라를 돌아다니며 행복한 나라 사람들을 직접 만나게 될 것이다. 과연 철저히 다른 환경에서 살아가는 전혀 다른 유형의 사람들일지라도 그들 모두에게 행복을 대하는 공통적인 방법이 존재할까? 설렜다. 어떤 상황에서도 결과를 아름답게 꾸며낼 생각은 추호도 없다. 다만, 용기가 가상한 이 가설이 솔직하고 올바른 결과를 얻고, 이왕이면 그 결과 속에 그토록 원하는 행복의 재료들이 숨어 있으면 좋겠다는 바람만은 가득했다.

그래서

행복한 나라에 직접 가보기로 결심했다

드디어 여정을 시작할 차례다. 먼저, 그동안 접했던 행복 연구 결과들을 바탕으로 이른바 '행복한 나라'라 불리는 나라 중에서 가야 할 곳을 선정하기로 했다. 관심 있게 지켜본 곳 중 꼭 가야 할 이유가 있는 나라의 목록과 만나야 할 각 분야의 전문가들을 정리했다. 그렇게 내 프로젝트를 진행할 최종 목적지가 정해졌다.

　　가장 중요한 건 그 많은 행복한 나라들 중에 왜 꼭 이 나라여야만 하는지였다. 복잡하게 생각하지는 않았다. 다양한 리서치를 통해 행복한 나라로 선정된 나라들 중 우리나라를 기준으로 두 가지 형태로 구분했고, 그 다음엔 마음 편히 좀 더 끌리는 곳을 선택하기로 했다.

그 두 가지 형태의 나라는 다음과 같다. 첫 번째는 국가와 시민사회의 다양한 기능이 잘 정돈되어 있어서 그 이름을 들으면 대부분의 사람들이 행복할 거라 예상할 수 있는 나라들이다. 두 번째는 이름조차 생소하거나 국가의 발전도가 상대적으로 뒤떨어진, 혹은 자본주의 사회와는 다른 흐름 속에 살고 있는 나라들이다. 전자는 나를 포함한 대다수의 대한민국 국민들이 이성적으로 그들이 행복한 이유를 이해할 수 있고, 혹은 선망할 수도 있는 나라일 것이다. 반면 후자는 우리의 관점으로 봤을 때 행복하다는 결과가 잘 납득되지는 않지만 감성적으로는 이해가 되어 궁금한 나라일 것이다.

아무튼 두 형태의 나라를 모두 가보는 것이 의미가 있을 것이라고 생각했다. 그리고 그 곳에서 살아가는 사람들을 직접 경험하고 비교해보았을 때 비로소 내가 찾고 있는 행복, 심지어는 내가 전혀 예상할 수조차 없었던 형태의 진짜 행복을 발견하게 될 것이라고 믿었다. 어찌 보면 이는 프로젝트를 시작하게 만든, 뉴욕 월스트리트 증권투자가와 몽골 초원 목동의 행복을 비교해보고 싶었던 호기심의 연장선이기도 했다.

다음으로, 만나고 싶은 전문가들과의 인터뷰를 준비하기 시작했다. 영어도 유창하지 않은 내가 다양한 언어를 사용하는 외국인들, 그것도 전문가들을 상대로 인터뷰를 한다는 것 자체가 큰 부담

이 됐다. 하지만 프로젝트를 준비하면서 가장 걱정했던 부분은 '이 프로젝트에 의한 결과물로 반드시 공유해야 한다고 확신할 수 있을 정도의 옳은 결론을 내릴 수 있을까?'였는데, 내가 만날 전문가들은 이 주제에 대해 보다 논리적이고 객관적인 사고의 과정을 거칠 수 있도록 가이드를 마련해줄 것이 분명했다. 그래서 절대 양보하거나 물러설 수는 없었다.

1차로 만나고 싶었던 전문가들의 목록을 만든 뒤, 그들의 저서나 온라인상 정보를 바탕으로 거주지와 이메일 주소 등을 찾아 내 이름 뒤에 보기 좋게 채워 넣었다. 그리고 한 명 한 명에게 정성껏 인터뷰를 요청하는 메일을 작성해서 보냈다. 프로젝트의 기획안을 첨부하는 것도 잊지 않았다. 과연 이 바쁘신 분들이 얼굴도 모르는 한국의 대학생이 보낸 메일에 답장을 해주긴 할까 하는 걱정을 할 겨를도 없이 답변들이 도착하기 시작했다.

당시 메일을 보냈던 사람들 중에는 '몰입'에 대한 연구와 저서로 유명한 미하이 칙센트Mihaly Csikszentmihalyi 교수부터 긍정심리학의 대가 마틴 샐리그먼Martin Seligman 교수, 하버드 대학에서 행복학을 강의하는 탈 벤 샤하르Tal Ben Shahar 교수, 네덜란드 에라스무스 대학에서 전 세계를 대상으로 행복에 대한 데이터베이스를 축적하고 있는 루트 벤호벤Ruut Veenhoven 교수, 세계 최고의 경제학자 중 한 명인 로버트 H. 프랭크Robert H. Frank 교수, 심지어 프랑스의 세계적인 베스트셀러 작가 알랭 드 보통Alain de Botton도 있었다.

결과적으로, 몇몇 인지도 있는 전문가들로부터 인터뷰에 응할 수 없다는 답장을 받고 실망하긴 했지만, 각 분야 최고의 전문가들이 일일이 직접 답장을 주고, 인터뷰 여부에 대한 의사를 밝혀준 일은 매우 놀라웠다. 심지어 매우 친절했고 그 이유가 상세하기까지했다. 이 과정을 통해 실제로 나는 코넬 대학 로버트 H. 프랭크 교수, '행복에 관한 세계 데이터베이스' 센터장 루트 벤호벤 교수, 행복나눔재단Happiness Foundation 창립자 미키 클라센Mickey Beyer-Clausen, 아이오프너 인스티튜트iOpener Institute 대표 제시카 존스Jessica Pryce-Jones, 아이슬란드 대학의 할돌 베르나손alldór, 소롤 리 마티아손 교수Þórólfur Geir Matthíasson, 덴마크 코펜하겐 대학 헬레 하니시Helle Harnisch 교수, 바누아투 적십자 직원 조지George 등을 만나 행복에 대한 궁금증을 묻고 다양한 연구 결과에 대해 조언도 받을 수 있었다.

한 가지 아쉬움이 있다면, 당시 국내 전문가들에게도 꽤 많은 인터뷰 요청 메일을 보냈는데, 그들로부터는 단 한 통의 회신도 없었다는 점이다. 시간이 흐른 뒤 (이미 다른 나라에서 한창 프로젝트가 진행 중일 때) 딱 한 통의 답장을 받을 수 있었는데, 바쁜 일정으로 인해 인터뷰에 응할 수 없다는 아주 간결한 한 줄짜리 회신이었다. 문화차이라고 봐야 할지는 모르겠지만, 정말 놀랍고 속상했던 기억인 건 분명하다.

최종 목적지가 결정됐다. 이동을 위해 잠시 들르거나 개인적으로 꼭 한 번 방문해보고 싶어서 입국했던 나라를 제외하면 총 9개국이다.

- ◆ 미국
- ◆ 코스타리카
- ◆ 베네수엘라
- ◆ 바누아투
- ◆ 영국
- ◆ 아일랜드
- ◆ 아이슬란드
- ◆ 네덜란드
- ◆ 덴마크

미국, 영국, 아일랜드, 네덜란드는 전문가를 만나고 인터뷰하기 위해 방문을 했으며, 이 책에서는 코스타리카, 베네수엘라, 바누아투, 아이슬란드, 덴마크 5개국에서 만난 사람들과의 이야기를 바탕으로 행복에 대한 이야기를 풀어보려 한다. 앞서 판단의 기준으로 삼았던 두 가지 형태에 따라 구분을 하자면, 덴마크와 아이슬란드가 일반적으로 예상할 수 있는 행복한 나라이고, 코스타리카와 베네수엘라, 그리고 바누아투는 왜 행복한지 쉽게 공감되지 않아서 그 이유가 궁금한 나라들이다.

이제 정말, 본격적인 〈행복의 차원〉 프로젝트로 들어가 보도록 하자.

행복한 나라에서 만난
행복한 사람들

관계의 에너지가 넘치는 놀라운 나라

코스타리카
Costa Rica

지구촌행복지수 Happy Planet Index	2009년 1위
	2012년 1위
	2016년 1위

행복에 관한 세계 데이터베이스 World Database Of Happiness	2010년 1위
	2011년 1위
	2017년 1위

라틴아메리카의

히어로

오전 10시를 막 넘긴 시간. 코스타리카 산호세San Jose 국제공항을 빠져 나온 나는 한껏 들떠 있었다. 2월의 코스타리카 날씨는 생각만큼 덥지 않았고 오히려 상쾌하기까지 했다. 알 수 없는 스페인어로 가득한 표지판과 낯선 중남미 사람들의 얼굴, 처음 보는 모양의 버스와 택시들을 보고 있자니, 앞으로의 여정에 대한 설렘으로 가슴은 폭발할 지경이었다.

프로젝트를 시작하기 전, 코스타리카에 대해 품고 있던 이미

지는 매우 단순했음을 고백한다. 우거진 정글, 투명할 것만 같은 파란 바다, 미국 사람들의 휴양지, 스페인 해적이 보물을 숨겨두었다는 코코스 섬. 누구나 그렇듯 자연이 아름다운 나라라는 이미지에서 크게 벗어나지 않았다.

중앙아메리카의 니카라과와 파나마 사이에 위치한 코스타리카는 면적 5.1만km^2, 인구 약 470만 명의 작은 나라이다(참고로 대한민국의 면적은 약 9.9만km^2, 인구는 5100만 명을 넘어섰다). 비록 규모는 작지만, 대한민국의 약 15% 정도밖에 되지 않는 인구밀도라는 수치에서 알 수 있듯 도착하자마자 숨통이 확 트이는 것 같았다. 심지어 국토의 절반은 원시림으로 사람의 발길조차 닿지 않을 뿐 아니라, 세계에서 생물 다양성이 가장 큰 나라 중 하나라고 하니 얼마나 아름다울까.

중앙아메리카 한가운데 위치한 이 작은 나라는 실제로 철저하게 보존되고 있는 아름다운 자연환경만 하더라도 그 가치가 매우 높다. 뿐만 아니라, 코스타리카가 인류의 현재와 미래의 삶이라는 충분히 가치 있는 고민거리에 대해 훌륭한 답을 찾고 줏대 있게 행동하는 나라라는 점을 알게 된다면 당신은 훨씬 더 큰 매력을 만날 수 있다.

처음 코스타리카를 만난 건 영국 신경제재단의 지구촌행복지수, HPI 보고서에서였다. 이 보고서는 2009년에 처음 코스타리카를 지구상에서 가장 행복한 나라로 소개한 이래 최근까지 무려 세 차례나 세계에서 가장 행복한 나라 1위로 선정했다. 영국의 진보주의 싱크탱크인 신경제재단은, 정부 주도의 GDP 성장만으로는 더 이상 사람들에게 보다 나은 삶을 제공할 수 없다고 주장한다. 그래서 전 세계가 직면한 지구의 한계를 인정하며 지속가능하고 미래지향적인 삶에 가치를 두어야 한다고 강조한다.

덕분에 한 국가의 행복을 측정하는 HPI 보고서의 기준과 그 결과는 매번 논란이 제기되고 있기도 하다. 왜냐하면 상위 10개국 중 대다수는 라틴아메리카에 위치해 있는데, 이들 나라가 경제 성장을 함께 다루는 다른 행복지수 순위에서는 보통 중하위권에 위치하기 때문이다. 하지만 앞에서 언급한 것처럼 행복에 대한 각각의 연구는 중요하게 생각하는 기준이 다르기 때문에 무엇이 맞고 무엇이 틀렸다고 단정 지을 수는 없다. 다시 말해, 결과 자체에 크게 연연할 필요는 없다는 것이다.

그럼에도 불구하고 코스타리카는 HPI 보고서뿐만 아니라, 갤럽 세계여론조사, 그리고 이에 기초한 네덜란드 EHERO의 '행복에 관한 세계 데이터베이스', 18개 중남미 국가의 삶의 만족도를 조사하는 라틴바로미터 등 다른 연구 결과에서도 수차례 가장 행복한 나라의 영예를 차지하거나 상위권에 올라 있다. 때문에 코스타리카가 여타 중남미 국가와는 다른, 특별한 무엇을 지닌 것은 분명해 보인다.

HPI 보고서에 따르면, 코스타리카는 미국, 영국을 포함한 수많은 부자 나라보다 더 높은 복지 시스템을 가지고 있다. 예를 들면, 코스타리카는 내전으로 수많은 국민을 잃은 것을 계기로 1948

년 군대를 폐지한 이후, 기존 국방예산을 교육, 의료, 연금에 사용해 오고 있다. 그 결과, 코스타리카의 국민 소득 대비 교육 예산은 세계에서 2위이며, 평균수명 또한 여타 부유한 국가들에 비해 높다. 물론 초중고 교육비용과 의료비용 역시 국가가 제공하기 때문에 모두 무료이다.

또한, 코스타리카에서 사용하는 전력의 99%는 재생 가능한 자원으로부터 발생하며, 정부가 2021년까지 코스타리카를 탄소 중립국으로 만들기로 약속하면서 수많은 부유한 국가들보다도 환경적 기준에서 앞서 있다. 실제로 1997년부터 화석연료를 사용하는 모든 경제활동에 3.5%의 탄소세를 부과하고 있기도 하다.

여기서 주목할 점은 나라의 지도자가 바뀌어도 국가의 운영 방침은 동일하다는 점이다. 여기에 친구, 가족, 이웃 등 탄탄한 사회적 네트워크를 형성하는 뿌리 깊은 그들만의 문화를 이해하면 코스타리카가 행복하다는 결과는 충분히 납득이 된다.

그럼에도 불구하고, 코스타리카의 평균 국민소득은 여전히 1만2천 달러에 불과하고, 계층 간 소득 불균형 역시 크다. 게다가 세계에서 가장 부유하고 막강한 힘을 지닌 미국이 지도상으로 바로 위에 위치하고 있다. 이렇게 상반되는 지표를 가진 나라에서 내가 만나게 될 사람들은 행복에 대해 어떤 생각을 가지고 있을까, 무척 궁금했다.

이제 정말 프로젝트의 시작이다. 지금부터 반짝반짝 빛나는 행복한 사람들을 수없이 만나고, 나 역시 더 많이 행복해질 수 있는 방법을 찾을 수 있겠지.

"안녕, 코스타리카! ¡Cómo estás? Costa Rica!"

Ya의 법칙,

현재가 아닌 '바로 지금'을 사는 사람들

시작이 반이라고 했던가. 코스타리카에 도착하고 얼마 지나지 않아서 나의 사고방식을 온통 흔들어버린 한 친구를 만났다. 그는 알레한드로 아랭고다.

"어? 어??"
"왜 그래?"
"네 머리 말이야, 진짜야?"

자연산 폭탄머리(실제로 보면 정말 신기하다)를 가진 알레한드로는 내가 코스타리카에서 만난 사람들 중 가장 깊게 교감을 나눈 친구다. 한 모임에서 처음 만났을 때, 무슨 일을 하냐는 나의 질문에 '인생대학'에 다니는 학생이라고 대답했던 괴짜이기도 하다. 순간 인생대학이라는 학교가 정말 있는 줄 알았다.

　　　친구들의 이야기를 빌리면, 학창시절 알레한드로는 전형적인 모범생이었다. 코스타리카에서 꽤 유명한 대학교를 두 번이나 옮기며 경영학과 생물학을 전공했고, 재학 중에는 훌륭한 성적을 곧잘 받아내곤 했단다. 하지만 현재 하는 일이 무엇인지도 모른 채 무작정 교수가 시키는 공부를 하며 시간을 보내고 있는 자신을 발견하고는 학교를 자퇴했다. 한 번도 아니고 두 번이나 말이다.

　　　그는 집에서 식물을 키우고, 책을 읽고, 생각하는 시간을 가지며 인생에 대한 고민을 시작했다고 한다. 사실, 나 역시 대학에 다닐 때 대부분의 한국 젊은이들이 그렇듯 인생의 오춘기를 겪으면서 세상 이치를 다 깨달은 철학자처럼 이야기를 하곤 했으니, 처음엔 오춘기 때문에 대학까지 자퇴한 이 괴짜를 별로 대단하게 생각하지 않았다. 하지만 비슷한 시기를 거치면서 그가 스스로 깨달은 사실들은 조금 놀라웠다. 그중 한 가지가 바로, 'Ya의 법칙'이다.

　　　법칙이란 말은 큰 깨달음을 얻고 훗날 내가 붙인 것이고, 그는 그냥 'Ya'라고만 했다. Ya는 스페인어로 '바로 지금'이라는 뜻이다. '지금? 현재? 그냥 현재 충실하게 살자'라는 이야기인가? 그런 이야기라면 그리 특별할 것도 없는 말이 아닌가.

알레한드로가 Ya의 법칙을 얘기했던 곳은 코스타리카 대학교 근처 한 조용한 카페였다. 카페는 매끄러운 코스타리카 커피 특유의 향으로 가득했고, 오래된 나무로 만든 테이블과 의자가 커피 향만큼이나 아늑했다. 주문은 알레한드로가 알아서 했다. 중남미 대부분의 나라들은 자국 커피를 생산하고 있으며, 자국 커피에 대한 자부심이 상당히 강하다. 검은색에 가까운 진하고 향긋한 커피를 나란히 앞에 두고, 알레한드로와 한창 이야기를 하고 있는데, 옆 테이블에서 누군가 물었다.

"지금 몇 시죠?¿Qué hora es ahora?"

알레한드로가 말했다.

"지금이요!Ya!"

그의 엉뚱한 대답에 시간을 물었던 남자는 투덜대며 돌아섰고, 대략의 상황을 전해 들은 나는 어이가 없었다. 시간을 물은 사람한테 '지금'이라고 답한 것이 아닌가. 히죽히죽 웃으며 알레한드로는 자신의 오른팔 소매를 걷어 손목을 내 앞으로 내밀었다. 손목에는 시계가 그럴싸하게 사인펜으로 그려져 있었는데, 시침과 분침 없이 'Ya'라는 한 단어만 쓰여 있었다. 그러곤 어리둥절한 내 표정을 보면서 한 번 더 당황스러운 말을 꺼냈다.

"병주야, 나 곧 아빠가 된대."

이건 또 무슨 뚱딴지같은 소리인가. 당시 알레한드로는 스물네 살이었다. 그의 말인즉슨, 나를 만나기 몇 시간 전 여자친구로부터 임신 소식을 들었다고 했다. 비슷한 또래로서 어린 나이에 아빠가 될 거라는 상상만 해도 아찔했다. 알레한드로가 어떤 의도로 그 말을 한 것인지도 잘 몰랐고, 다른 문화권에서는 혼전 임신이라는 이슈가 어떻게 받아들여지는지 이해도가 적었기에 그 상황 자체가 낯설어 아무런 말도 생각이 나지 않았다. 그렇게 잠시 머뭇거리다가 조심스레 물었다.

"추…… 축하해! 근데 괜찮아? 이렇게 태연해도 되는 거야?"
"응, 그 문제는 이따가 여자친구랑 만나서 다시 상의하기로 했어. 그러니까 그건 조금 뒤의 일이고, 새로 만난 좋은 친구랑 이야기하며 커피 마시는 이 시간을 소중히 생각하고 즐기는 중이야. 그러니까 괜찮아, 정말 괜찮아."

그러고는 빙긋, 특유의 미소를 지어 보였다. 아무래도 진심인 듯했다. 아무리 현재에 집중을 하는 게 중요하다고 해도 갑자기 아빠가 되어야 할지도 모르는 상황에, 스스로 세워둔 앞으로의 계획이 몽땅 뒤바뀔 수도 있는데 이렇게 태연하다니, 도무지 이해가 되지 않았다. 원래도 표정 관리를 잘 못 하는 나는, 그의 앞에서 얼굴에 내 진심을 다 드러냈나 보다. 알레한드로가 오히려 걱정되는 눈빛으로 이야기했다.

"병주, 너 행복에 대한 다큐멘터리를 만들고 있다고 했지? 난 당장 내가 해결할 수 없는 여자친구와의 일 때문에 너와 보내는 이 즐거운 시간을 방해 받을 필요가 없을 뿐이야. 단지 그뿐이야. 지금 이 순간은 진짜 행복하거든."

내가 되물었다.

"그래도! 그게 가능해? 나라면 걱정되고 염려가 되어 다른 일은 손에 잡히질 않을 것 같거든"

이 질문에 그가 한 대답이 정말 예술이다.

"코스타리카 커피는 정말 환상적이야, 그렇지? 정말 끝내준단 말이야. 근데 많은 사람들이 이 환상적인 커피를 마시면서도 사실은 마시고 있질 않아. 입으로 커피를 집어넣고 목으로 넘기는 행동을 반복할 뿐이고, 머리랑 몸은 전혀 다른 생각과 일을 하거든. 사업 구상이나 여자 이야기 같은 것 말이야. 이 커피는 오랜 기간 태양, 땅과 같은 자연으로부터 기운을 받았고 커피를 재배한 농부의 값진 땀까지 모아 만든, 그야말로 엑기스인데 말이야."

그리고 갑자기 태양과 농부 이야기도 꺼냈다.

"커피를 마실 때는 먼저 자연과 농부에게 감사하는 마음을 갖고 오롯이 향을 음미해야 하는 거야. 한 모금 마신 후에는 그저 커피가 온몸으로 퍼져나가는 걸 느끼는 거지. 자연의 에너지, 농부의 열정이 퍼져나가는 이 느낌. 정말 황홀할 정도라니까."

커피 이야기를 마친 알레한드로는 Ya를 사는 방법에 대한 예를 몇 가지 더 들어주었다. 그의 이야기를 모두 듣고서 나는 한쪽 팔목을 그에게 내밀었다.

"나도 그려줘, 그 시계!"

사실 이야기를 듣는 내내 결국 Ya의 법칙이 '현재를 충실히 살아라'와 얼마나 다른 이야기일지 계속 의문을 품었다. 하지만 분명 달랐다. 알레한드로가 말한 Ya는 모호한 '현재'가 아니라 '지금 당장', '바로 이 순간'이었기 때문이다. 내가 호흡하는 지금 당장의 행동과 생각에 집중하는 것, 그것이 만드는 순간의 경험이 새롭고 상쾌한 기분이라는 건 확실하다.

"과연 되겠어?"라는 의심보다는 "과연 어떤 기분일까?" 하는 기대감으로 Ya의 법칙을 삶에 적용해보기 시작한 나는, 이후 수개월 동안 사인펜 시계만 차고 다녔다. 신기하게도 이 법칙은 삶에 적용해서 연습만 하면 성과가 바로 보일 뿐 아니라, 지속적으로 연습하면 삶의 방식까지 변한다. 지금은 알레한드로, 그러니까 코스타리카 사람들의 Ya의 법칙을 이해하기 위해 굳이 사인펜 손목시계까지 찰 필요는 없게 됐지만, 여전히 살아가면서 순간순간 사인펜 손목시계의 필요성은 유효했다.

돈으로는 대신할 수 없는

관계의 에너지

금발이 아니라 황발이라고 하면 적절한 표현일까. 랄프는 진한 노란색 머리에 둥그스름하고 커다란 코를 가진 매우 건장한 체격의 아저씨다. 고맙게도 코스타리카의 수도 산호세에서 일주일 정도 재워주고 많은 친구들을 소개해준 호스트이기도 하다.

　　기나긴 프로젝트 여정이 가난할 것은 불 보듯 뻔했기에, 출발하기 약 한 달 전부터 숙박비도 절약하고 프로젝트를 위해 현지인의 도움도 받을 겸 카우치서핑Couch Surfing이라고 불리는 온라인 여행자 커뮤니티 활동을 시작했다. 이 사이트의 회원들은 다양한 여행 동기와 목적을 가지고 자국을 방문하는 여행자들에게 숙식을 제공하거나, 가이드 역할 등을 해주기도 한다. 이 엄청난 규모의 온라인 커뮤니티는 여행 내내 든든한 버팀목이 돼주었다.

랄프는 카우치서핑을 통해서 직접 만나게 된 첫 번째 친구였다. 그의 집에 묵어도 좋다는 답변을 보내왔을 때의 기분은 신기했을 뿐 아니라 황홀하기까지 했다. 현지인의 집에서 그것도 공짜로 묵게 되다니! 여행을 마칠 때까지 이렇게만 지낼 수 있다면 정말 좋겠는걸, 하고 한껏 들뜬 기분으로 집 주소가 적힌 종이를 들고 랄프의 집으로 향했다.

하지만 게스트하우스와 같은 숙소와 달리 영어조차 잘 통하지 않는 코스타리카 시내 한복판에서 집 주소만 달랑 들고 현지인의 집을 찾아가는 일은 결코 쉬운 일이 아니었다. 회화책을 뒤지며 어설픈 스페인어로 길을 묻고 또 묻고, 공중전화를 찾아 전화 하기를 수없이 반복하고 나서야 가까스로 랄프의 집 초인종을 누를 수 있었다.

"껄껄껄. 껄껄껄껄."

TV 속에서나 나오는 가짜 웃음소린 줄 알았는데, 랄프는 정말 이렇게 화통하게 소리를 내며 자주 웃는다. 산호세에서 건축 디자이너로 일하고 있는 랄프의 집은 정말 근사했다. 동네 자체도 고급 주택단지처럼 좋은 집들이 길을 따라 이어졌고, 집 안도 마치 인테리어 잡지에 등장할 법한 독특하고 고급스런 인테리어와 가구들로 가득했다. 그는 친구가 참 많았는데 덕분에 그곳에서 지내는 동안 끊임없이 찾아오는 친구들을 한 명 한 명 소개받으며 현지인들과 함께 귀중한 시간을 보낼 기회도 얻었다.

당시 랄프는 몇몇 친구들과 작은 페스티벌을 기획하고 있었는데, 저녁에 식사자리에서 이야기를 나누다가 엉겁결에 나도 행사준비에 동참하기로 했다. 간단히 표현하면 자연을 사랑하는 히피들을 위한 몽환적인 분위기의 작은 축제쯤 될까.

페스티벌은 시내 외곽에 있는 공터에서 이뤄졌고 물품 체크부터 간이 화장실과 계단 만들기, 행사용 천막 치기, 심지어 제대 후 오랜만에 삽질도 했다. 행사 당일에는 사람들과 어울려 실컷 뛰어다니며 놀고, 평소 재능이 없던 춤도 미친 듯이 추며 즐기느라 진이 다 빠졌다. 그야말로 중남미인들만이 할 수 있겠다 싶은 광란의 축제였는데, 더 놀라운 건 무알콜 페스티벌이었다는 점이다.

새벽 5시가 다 되어서야 몇몇 친구들과 함께 랄프의 집으로 돌아왔고, 따뜻한 차를 한 잔씩 마신 후 잠이 들었다. 사실 바닥에 아무렇게나 던져 놓은 빨랫감처럼 다같이 널브러져 잠이 들었다고 하는 게 정확할 것 같다. 다음 날, 일어났을 때 온몸이 뻐근했고 약간의 미열이 있을 정도로 내 몸은 만신창이였다. 다른 친구들도 무거운 몸을 이끌고 부스스 일어나자, 먼저 일어나 화단에 물을 주고 있던 랄프가 들어와 포옹을 제안했다. 그러니까 서로 껴안아주기를 했다는 말이다.

스킨십이 어색한, 대한민국에서 자란 평범한 20대 남자인 나는 처음에 이 포옹이 정말이지 불편하고 싫었다. 하지만 나를 제외한 나머지 친구들은 이미 익숙한 듯 서로 한 사람 한 사람 꼭, 정성을 다해 안아주기 시작했다. 그것도 10초, 혹은 20~30초가 넘는 긴 시간 동안 서로를 꽉 껴안아주는 포옹이었으니 내가 그동안 알고 있던 개념의 포옹과도 달랐다.

이렇게 누군가를 오래 안아준 적이 있었나 싶을 정도로 꽤 오랜 시간 한 친구를 꼭 안아준 뒤, 또 다른 친구를 안아줬는데 정말 처음 느껴보는 감정이 올라왔다. 거짓말처럼 피로도 사라지는 것 같았고, 어느새 마음은 포근함으로 가득 찼다. 랄프와 그의 친구들은 이런 식으로 누군가를 안아주는 것에 어떤 힘이 있는지 잘 알고 활용한다는 생각마저 들었다.

페스티벌과 포옹 사건을 경험하며 난생처음 사람들 사이에는 서로에게 흘러나오는 강력한 에너지가 있다는 걸 느낄 수 있었다. 그것이 포옹이든, 말 한 마디의 위로든, 재미있는 유머든, 보살핌이든 그 형태는 다를 수 있다. 때로는 폭발적이고, 때로는 따뜻하기도 한 이 에너지는 또 다시 다른 누군가에게 흘러 들어가고 영향을 미친다.

좋은 에너지를 만들고, 그 에너지를 주변 누군가에게 전하는 이런 행위의 반복은 결국 내가 찾아 헤매는 행복, 그 행복을 사랑하는 사람들에게 알리고자 하는 행위와 크게 다르지 않을 것이다. 분명한 건 이 에너지는 스스로 뿜어내고 스스로 흡수하는 것이 아니라는 것이다. 관계를 통해 주고 받아야 하는 에너지이다.

사실 행복순위 상위에 포진된 국가들은 대체로 부유하다. 개인의 행복을 측정하는 데 있어서 국가의 경제상황이나 개인의 물질적 부를 제외한다는 건 아직 너무 이상적인 이야기일지도 모른다. 하지만, 코스타리카는 좀 예외다. 이미 그들은 수치상의 GDP보다 훨씬 더 많은 행복을 누리고 있으며, 그 어느 중산층 국가보다 더 행복하다고 보고된다. 그리고 전문가들은 그 이유를 바로 가족, 친구, 이웃 간 치밀하게 형성되어 작동하는 코스타리카 사회의 네트워크에서 찾는다. 오래전 우리 선조들이 그랬던 것처럼 말이다.

전문가들은 소득 불균형이 큰 코스타리카에서 이처럼 사람들 사이의 네트워크가 긍정적으로 작용할 수 있는 이유는 교육, 의료 등 개인의 삶 일부를 지탱해주고 있는 국가의 역할이 심리적 불균형을 해소해주기 때문이라고 본다. 이렇듯 코스타리카 사회의 행복에 대한 평가는 경제만능주의 풍조 속에서도 돈이나 물질적인 요소보다 더 중요한 것이 있다는 것을 분명하게 시사하기에 매우 소중하다.

모든 걸 버리고

가장 원하는 걸 얻는 용기

산호세에서의 프로젝트 작업을 마무리 짓고, 다음 나라로 넘어가기 전 스스로에게 작은 선물을 하나 하기로 했다. 한 친구로부터 코스타리카 동부의 해안마을 케포스Queopos의 아름다운 해변 이야기를 듣고 짧은 여행을 하기로 한 것이다. 도착해보니 이 작은 마을은 코스타리카가 행복한 이유를 알 수 있는 모든 요소가 결집된 곳이었다.

아름다운 태평양 바다와 울창한 국립공원을 끼고 있어 느긋하고 여유로운 이 마을에서는 석양이 질 무렵이면 집집마다 의자를 하나둘씩 현관 밖으로 내놓고 가족들과 함께 앉아 석양을 즐기며 이야기를 나누는 모습을 흔하게 볼 수 있다. 케포스에서 지내는 내내 그 어디에서도 '분주함'이나 '조급함' 같은 단어가 어울릴만한 상황은 발견하지 못했다.

이곳에서 코스타리카 사람들의 행복을 오롯이 탐하고 있던 스물아홉의 레이첼을 우연히 만났다. 갈색머리에 적당히 그을린 피부, 그리고 허스키한 목소리가 매력적인 그녀는 사실 캐나다에서 왔다. 정보 없이 막무가내 여행자 모드로 숙소를 찾느라 지칠 대로 지칠 즈음 발견한 모텔 같은 한 호텔에서 짐을 풀고 로비로 내려왔는데, 그녀는 1층에 위치한 식당 야외 테이블에서 혼자 저녁식사를 하고 있었다.

생존 스페인어 정도만 구사하던 나로서는 영어권 사람과의 만남은 언제나 좋은 기회다. 케포스에 대한 정보를 얻고 싶어 다가갔다. 레이첼은 캐나다 토론토에서 이벤트 플래너로 바쁜 삶을 살고 있었다. 어느 날 케포스로 휴가를 왔다가, 이곳의 아름다운 해변과 현재를 중요하게 여기며 살아가는 코스타리카 사람들과 흠뻑 사랑에 빠졌다고 한다. 결국 그녀는 캐나다로 돌아가자마자 직장을 그만두고 가족과 친구들에게 작별인사를 한 뒤, 무작정 다시 이곳으로 날아왔다고 했다. 그렇게 케포스에서 생활한 지도 2년이 다 되어 간단다.

"와, 대단한 결심이네. 그럼 여기서 뭐하고 지내는 거야? 토론토에서 살다가 여기서 지내려면 심심하지 않아?"

바쁜 도시에서 살던 그녀가 이 작은 해변마을에서 무엇을 하며 2년이나 살고 있는지 궁금했다.

"매일 오후가 되면 해변에 나가서 시간을 보내지. 저녁엔 친구들과 맥주 한 잔하며 이런저런 이야기를 나누고, 천천히 음식을 먹으면서 맛을 음미하고, 조용히 해변에 앉아서 책도 읽고, 뭐 그런 거야. 느릿느릿. 물론 싫지만 일은 해야겠지? 굶어 죽지 않으려면? 일주일에 5일은 오전에 학원에서 일을 해."

그녀는 이야기를 하며 살짝 웃음을 머금는다.

"캐나다로 돌아가고 싶지는 않아?"
"별로. 이곳에서 앞으로 몇 년 더 머물지 모르겠지만, 아마 그 후에도 다른 나라로 갈 거야. 장담할 수는 없지만 글쎄, 다시 생각해도 그 나라가 캐나다는 아닐 것 같네."
"왜? 캐나다 엄청 살기 좋은 나라 아닌가?"

레이첼이 회상하는 캐나다 토론토의 모습은 내가 말해준 한국의 모습과 매우 비슷하다고 했다. 모두 일하느라 바쁘고, 노력하면 최소한 먹고 살 수 있을 만큼의 돈은 벌 수 있지만, 대부분은 더 안정적이고 나은 삶을 위해 고단한 하루하루를 보낸다는 것이다. 정말 그녀가 말하는 경쟁주의 사회와 정이 소멸되어가는 모습들은 한국의 그것과 별반 차이가 없었다. 특히 옆집에 누가 사는지, 누가 이사를 하는지도 모르는 경우가 많다는 이야기를 할 때는 서로 혀를 차며 동의하기 바빴다.

"여길 떠나면 계획이 있어?"

내가 다시 물었다.

"글쎄, 누가 알겠어, 내 인생이 어디로 흘러갈지. 그저 난 지금의 내가 좋을 뿐이야. 정말 행복해."

그날 이후, 케포스에 머무는 5일 동안 그녀와 그녀의 친구들이 초대하는 파티와 아름다운 해변에서 시간을 보내며 정신없이 즐겼다.

지금 한국의 스물아홉 젊은 청춘들은 무엇을 하고 있을까. 나도 한국으로 돌아가면 매일 바쁘고 지루한 하루하루를 반복하게 될까. 한동안 잊고 있던, 쉽사리 풀지 못할 것 같은 내 삶의 과제가 떠올랐다. 그렇다고 가족과 친구들에게 작별인사를 하고 다른 나라를 떠도는 삶을 살 생각도 없었다.

물론, 캐나다의 스물아홉 젊은 청춘들이 모두 레이첼 같다는 뜻은 아니다. 하지만 레이첼이 만약 한국인이었다면 어땠을까? 요즘은 대한민국에서도 개인의 선택이 점점 더 인정을 받고 있고, 타인의 결정을 존중하는 분위기가 존재하는 듯하다. 그럼에도 스물 아홉 살 여성이 레이첼과 같은 선택을 하려면 분명 여러 걱정과 우려를 감수해야 할 것이다. 경력단절, 결혼할 나이, 적당한 육아시기 등. 어쩌면 기성세대로부터 아직 철이 덜 든 어린아이 같다는 소리를 들을지도 모르겠다. 철이 드는 것이 참 중요한 한국이니까.

하지만 철이 든다는 것이 기꺼이 자신의 현재를 과감하게, 혹은 당연하게 포기하고, 잡을 수 있을지 없을지 모를 미래의 행복과 부를 위해 투자한다는 뜻일까. 과연 누가 더 철이 제대로 든 걸까. 현재 잡을 수 있는 행복을 선택한 레이첼일까, 미래의 불확실한 행복을 선택한 사람들일까. 과연 내가 한국으로 돌아간다면 현재의 행복을 선택하고 그 삶을 당당하게 즐길 수 있을까. 무척 간단해 보이면서도 재수시절 노량진 단과학원에서 졸린 눈 비벼가며 듣던 고차방정식의 연산 과정만큼이나 답이 안 나오는 이야기다.

그동안 이뤄오고 소유했던 모든 걸 버리고, 가장 원하는 한 가지를 얻은 레이첼과 불확실한 행복을 잡기보다 현재 누릴 수 있는 것에서 행복을 느끼는 코스타리카 사람들. 그들의 삶의 방식과 태도는 다시금 내게 큰 깨달음을 주었고 이후 늘 존경의 마음을 갖게 됐다.

더 많이 소유하려는 삶에서

행복을 찾지 않는 사람들

단순히 관광이 아니라, 다른 나라 사람들의 삶 속에 깊숙이 들어가 보는 여행을 즐기는 사람들이 공통적으로 이야기하는 말 중에 하나가 결국 세상 어딜 가나 사람 사는 건 똑같다는 것이다. 한편으로는 맞는 말이지만 나는 생각이 조금 다르다. 물론 먹고, 입고, 자고, 사회를 구성하고, 도시를 만들고, 사고, 팔고, 사랑하고, 미워하는, 기본적인 인간의 삶만 보면 개념적으로 비슷할 수 있겠다. 그러나 동일한 상황을 대하는 방식에는 서로 큰 차이가 있다. 그래서 여행 중 그 차이를 알게 될 때 깨달을 수 있는 삶의 지혜는 굉장히 소중하다.

처음 테네시를 봤을 때 원시인을 봤다고 생각했다. 전혀 다듬지 않고 길게 기른 턱수염과 직접 만들어 입은 듯한 옷과 신발 등으로 인해 갖게 된 그의 첫인상이었다. 테네시는 놀랍게도 코스타리카에서 실제로 굉장히 원시적인 생활을 하며 살아가고 있었다. 'Holistic Thrival Quest'라는 일종의 명상행사를 주기적으로 진행하며, 산과 동굴에서 먹고 자며 지내고 있었기 때문이다. 현재는 코스타리카 동부에 있는 어느 폭포 옆 동굴에서 생활하고 있다.

어느 날, 테네시를 포함해 다섯 명 정도의 인원이 함께 모여 교외로 외출하기 위해 한 친구의 집에 모였다. 원래는 오전에 출발하기로 한 일정이었다. 그런데 개인적인 일 때문에 조금 늦게 도착할 수 있다고 연락을 한 친구를 기다리는 사이 시간은 흘러 점심이 되었고, 테네시가 모두에게 점심식사를 제안했다.

"우리 기다리면서 간단하게 점심 먹는 거 어때?"

아침부터 배에 제대로 된 음식을 넣어주지 못한 나는 대충 눈치를 보며 좋겠다는 듯 고개를 끄덕였다. 테네시는 무언가로 꽉 찬 푸른색 백팩을 테이블 위로 올리고 지퍼를 열었다. 그의 가방에서 나온 음식은 조그마한 당근 2개(한국 마트에서 살 수 있는 당근의 1/3 크기), 사과 1개, 작은 유리병에 들어 있는 땅콩 잼, 그리고 이름 모를 찻

잎으로 우려낸 차가 들어 있는 보온병이었다. 하마터면 '이걸 다섯 명이서 먹자고?' 하고 말할 뻔했다. 성인 다섯 명이 먹기엔 터무니없는 양이라 어리둥절했다. 하지만 다른 이들의 행동이 너무나 자연스러워서 눈치를 보며 그저 최대한 자연스럽게 표정 관리를 하려고 애쓸 뿐이었다.

테네시는 가방에서 당근만큼이나 작은 칼을 꺼내더니, 인원수에 맞춰 각각 다섯 조각으로 잘게 자르기 시작했다. 그리고 음식이라고 하기에도 애매한 식재료일 뿐이었지만, 어쨌든 그 음식들을 모두가 매우 감사해하며 맛있게 먹기 시작했다. 당근은 당근 맛이 났고, 사과는 사과 맛이 났던 그저 소박한 식사였다. 직접 만들었다는 땅콩 잼은 그동안 먹어봤던 것들과는 달리 조금 더 기름지고 밍밍했지만 나쁘지 않았다. 차는, 무슨 차인지 종류를 알 길은 없었지만 향긋했다.

지금도 이유가 무엇인지 잘 알지 못하지만, 대단한 한 끼 식사가 아니었음에도 그 음식들은 꽤나 맛있었다. 당연히 포만감은 기대할 수 없었지만, 오히려 적은 양을 먹으니 자연스럽게 음식 고유의 맛과 향을 좀 더 음미할 수도 있었다.

여행의 매 순간이 놀라움과 새로움의 연속이지만, 이 한 끼 점심식사는 그동안 내가 살아온 환경과 경험을 깡그리 돌려놓은 시간으로 기억된다. 단순히 적게 먹는 소식小食의 경험을 넘어서는 특별한 그 무엇이 있었다. 음식의 재료 앞에서 인간이 느낄 수 있는 최상의 경건함을 오롯이 경험했다고 할까.

어렸을 때부터 요리 잘하기로 소문난 엄마의 손길을 누리고 살았지만, 나는 먹는 것이나 맛있는 음식 같은 것에 별다른 관심이나 욕심이 없었다. 부모님이 항상 먹고 싶은 음식이 있으면 해주시겠다고 먼저 물으실 정도로 식탐도 없었다. 그런 나였기에 먹는 즐거움이 무엇인지 하나하나 느끼면서 먹는 그 순간의 경험이 새롭기까지 했다.

현대를 살아가는 우리의 일상은 너무도 풍요롭다. 언제나 무언가 부족하다고 느끼지만, 돌아보면 물질적으로 정말 풍요로운 세상을 살고 있는 것이다. 어린 시절 어르신들이 말씀하시던 보릿고개도 더 이상 존재하지 않고, 재활용 쓰레기장엔 매일 아직 쓸만한 물건들로 넘쳐난다.

테네시와 그 친구들 역시 절대 빈곤한 삶을 살고 있다고 볼 수 없다. 코스타리카 사회에서 부를 상대적으로 비교하면 그들은 오히려 상위 계층일 수도 있을 것이다. 다만, 그들은 작은 것을 소중히 여기며, 그 작은 것마저 주변과 함께 나눌 줄 아는 사람들이었다. 그리고 타인과 나누는 그 작은 것이 크기를 떠나 서로에게 기쁨과 행복의 에너지를 전파한다는 사실을 아는 사람들이었다. 이 깨달음은 내게 적잖은 충격이었다.

코스타리카에 처음 도착했을 때 궁금하고 복잡했던 퍼즐도, 이곳의 다양한 삶들을 하나씩 경험하면서 맞아 들어갔다. 무엇보다 소유에 대한 관점은 굉장히 인상적이다. 코스타리카 사람들은 단순히 경쟁하듯 돈을 벌고, 더 많이 소유하려는 삶에서 행복을 찾지 않는다. 크기나 규모와 상관없이 자신이 소유한 무언가를 감사히 여길 줄 알고, 심지어 그것을 자기 주변 사람들과 아낌없이 나눈다. 돈을 버는 것보다 얼마를 가졌든 그것을 쓰는 방법이 더 중요하다는 점을 잘 깨우치고 있는 것이다.

이는 남들과 비교해 덜 가진 것에 집착하고, 지금보다 나은 삶만을 위해 공부하고 일을 하는 대한민국 사람들에게 시사하는 바가 크다. 코스타리카 사람들의 이런 삶의 태도가 1만2천 달러의 국민소득으로도 6만 달러가 넘는 국민소득을 자랑하는 이웃나라 미국 사람들보다 훨씬 더 행복한 삶을 누리게 만드는 가장 주된 이유가 아닐까.

길 위에서 만난 사람들

코스타리카

끼운Kyun | 31세, 남, 그래픽 디자이너

#INTERVIEW_ Common questions

Q   당신은 행복한가요?
네, 행복해요.

Q   무엇이 당신을 행복하게 하나요?
명상하고, 그림 그리고, 아내와 함께 나누는 시간들이 정말 행복합니다.

Q   지금 걱정하는 게 있나요?
지금 하고 있는 일이 임시직이거든요. 만약 일자리를 잃으면 수입이 끊기게 되니까, 그 점이 걱정되긴 하네요.

Q   일자리가 없어질까 걱정이 되나요? 혹시 돈이 없어도 행복할 수 있을까요?
스트레스는 받겠죠. 하지만 일자리를 잠시 잃게 되더라도 삶에서 저를 행복하게 하는 건 여전히 없어지지 않으니 괜찮을 거예요.

Q   코스타리카 사람들이 행복하다고 생각하나요?
그런 사람도 있고, 물론 아닌 사람도 있겠죠. 코스타리카가 평화로운 이미지를 가지고 있지만 모든 사람들이 행복하지는 않을 테니까요.

Q   인생의 목표를 말해주세요.
안정된 일자리를 갖고, 아내와 함께 계속 행복하게 살고 싶습니다.

길 위에서 만난 사람들

코스타리카

빠블로Paulo | 36세, 남, 직장인

#INTERVIEW_ Common questions

Q 당신은 행복하세요?
저는 아주 행복한 사람입니다.

Q 무엇이 당신을 행복하게 하는데요?
주변 사람들이요. 행복이란 주변 사람들과 나눠가면서 더 키울 수 있는 것이
에요. 서로 나누면서 더 나은 사람들이 되어가죠.

Q 지금 걱정하는 게 있나요?
이곳 코스타리카도 다양성과 기쁨을 서로 나눌 수 있는 기회가 점점 줄어들
고 있어요. 그런 점이 걱정됩니다.

Q 흥미롭네요. 그럼 돈이나 좋은 집, 자동차 같은 것이 당신에게 의미하
는 건 뭔가요?
정말 필요한 것들이네요. 하지만 굳이 많거나 좋을 필요가 있는 것들인지
는 모르겠어요.

Q 모두가 행복하려면 무엇을 해야 할까요?
개인적인 의견이지만, 우리 모두 서로를 믿을 수 있어야 한다고 생각해
요. 각자 잘할 수 있는 역할이 있거든요. 모든 에너지는 사람 안에 있어
요. 중요한 건 그 에너지를 한곳에 모아 더 좋은 세상을 만들고 모두가 나누
는 겁니다.

Q 인생의 목표를 말해주세요
새로운 나라에서 새로운 사람을 많이 만나보고 싶어요. 당신처럼요!

길 위에서 만난 사람들

코스타리카

에밀리아Emilia | 39세, 여, 호텔 매니저

#INTERVIEW_ Common questions

Q 당신은 행복하세요?
그럼요. 행복해요!

Q 무엇이 당신을 행복하게 하는데요?
현재 아주 흥미로운 직장을 다니고 있고, 화목한 가정과 친구들이 있으니 아주 만족하고 있어요.

Q 코스타리카 사람들이 행복하다고 하던데 그 이유가 뭘까요?
맞아요. 이곳 사람들은 대체로 행복해요. 작은 일들로 행복을 느끼죠. 예를 들어, 축구경기에서 내가 좋아하는 팀이 이겼을 때나, 커피 한 잔을 마시면서도 행복을 느끼죠. 현재 삶에 만족하고, 친구들과 잠시 커피 마시며 지내는 시간을 감사하며 충분히 행복해하죠.

Q 지금 걱정하는 게 있나요?
일하면서 가끔 스트레스를 받는 순간들이 있지만, 그런 것들 역시 삶의 일부죠. 모든 경험에는 배움이 있다고 생각해요. 특별히 걱정되는 건 없어요.

Q 돈이나 좋은 집 같은 물질적인 요소가 당신에게는 어떤 의미인가요?
먹고, 자고, 입는 기본적인 요소들을 이미 가졌으니 제게는 그것이 별다른 의미는 없어요. 그런 것들이 삶에 큰 의미를 갖기 시작하면, 작지만 더 소중한 것들을 놓치게 될 수도 있거든요.

Q 인생의 목표를 말해주세요
지금처럼 계속 현재에 만족하며 즐거운 삶을 살고 싶어요.

길 위에서 만난 사람들

코스타리카

막스Max | 17세, 남, 고등학생, 살사 댄스 수강생

Q 반가워요. 왜 살사 수업을 듣게 되셨어요?

어릴 때부터 춤을 추면 행복했기 때문에 등록했어요. 월요일부터 수요일까지 살사 수업에 참가합니다.

Q 당신은 행복하세요?

행복해요!

Q 무엇이 당신을 행복하게 하는데요?

가족과 함께 할 때, 친구들과 파티를 할 때, 춤을 출 때, 행복해요. 코스타리카에서는 마을마다 크고 작은 축제를 많이 해요. 이렇게 우리는 소소한 일상이나 춤을 추는 것 자체에서 행복을 느낄 수 있어요.

Q 지금 걱정하는 게 있나요?

대학생활 첫 2년이 지나면 아버지 밑에서 일하기로 했어요. 지금 제 몸도 건강하고, 음……. 특별히 생각나는 걱정이 없는 것 같아요.

Q 혹시 돈이나 좋은 집 같은 물질적인 요소가 당신에게는 의미가 있나요?

전 아직 직접 돈을 벌고 있지 않지만, 모두 비슷하지 않을까요. 물론 많이 가진다면 좋겠지만, 없으면 없는 대로 잘 살아가는 삶이 존재하는 거니까 제게 큰 의미는 없어요.

Q 인생의 목표를 말해주세요

일단 코스타리카 대학에서 전기 엔지니어링을 공부할 예정이에요. 4년에서 6년 정도 공부해서 대학원까지 졸업하는 게 목표입니다.

행복을 위한 투쟁을 멈추지 않는 곳

베네수엘라
Venezuela

세계의행복지도 Map of World Happiness(by NewScientist)	2003년 3위
세계웰빙지수 World Well-Being Index(by Gallup World Poll)	2007년 4위 2011년 5위
지구촌행복지수 Happy Planet Index	2012년 9위

최악의 치안국가라는

오명

베네수엘라의 정식 명칭은 베네수엘라 볼리바르 공화국Republica Bolivariana de Venezuela이다. 남아메리카 최북단에 위치한 이곳은 북으로 는 그림 같은 카리브해, 남쪽과 서쪽으로는 브라질, 콜롬비아와 맞닿 아 있다. 드넓은 자연과 풍부한 지하자원을 보유하고 있는데, 특히 중 동의 오일 국가들을 제치고 세계 최대 석유 매장량을 자랑하는 금수 저 국가이기도 하다. 여타 남미 국가들의 행복지수처럼 약간의 논쟁 은 있을 수 있지만, 베네수엘라는 한때 남미 최고의 부국으로서 여러 행복 순위에서 상위권을 차지하며 남부럽지 않은 시절을 보냈다.

그럼에도 지금 시점에서 베네수엘라를 세계에서 가장 행복한 나라들 중 하나로 소개하는 것을 의아하게 생각하는 사람들이 꽤 많을 것이다. 현재 베네수엘라는 정치·경제적으로 분명한 위기에 처해 있고, 심지어 전 세계로부터 '망한 나라'로 불리는 상황까지 맞이했기 때문이다. 국민들은 생존을 위해 매일 몸부림치고 있으며, 세세한 이야기를 늘어놓지 않더라도 뉴스를 통해 보는 그들의 모습은 믿기 어려울 정도로 처참하다.

UN에서 매년 발표하는 HPI 보고서를 보면, 2010~2012년에 20위였던 베네수엘라는 매년 그 순위가 극적으로 떨어지다가 결국 2019년에 발표된 2016~2018년 순위에서는 알바니아에 이어 108위를 차지했다. 최근 베네수엘라 사람들의 심리상태나 환경이 얼마나 부정적으로 변화됐을지 짐작할 수 있는 지점이다.

물론 현재의 베네수엘라 상황에 비할 수는 없겠지만, 내가 방문했던 10년 전에도 사정은 엉망이었다. 석유 수출에만 의존한 경제 구조가 세계 유가조정의 영향을 받아 휘청거렸고, GDP가 급감하면서 국민들의 경제에 대한 불안은 이미 시작되고 있었다. 차베스의 연임 과정에서 일어난 정치적 혼란, 빈부 간 갈등 심화와 공권력의 극악한 부패함, 그 외에도 수도 카라카스Caracas가 높은 살인률로 인해 세계에서 가장 위험한 도시로 꼽히는 등 여러 불안 이슈가 존재했다.

베네수엘라의 수도 카라카스에 도착한 건 캄캄한 밤이었다. 베네수엘라 역시 행복한 나라 순위에 언급된 적이 있다는 것 외에 사전정보는 많지 않았다. 아! 프로젝트 일정을 들은 남자 지인들이 가장 부러워하며 호기심을 보이는 바람에 '미인대회를 휩쓰는 나라'라는 소문 정도는 알고 있었지만.

공항 출입문을 빠져나오니 시내로 향하려는 여행객들과 그들을 태우려는 택시기사들로 이미 혼잡했다. 카라카스 국제공항의 택시는 관광객을 상대로 바가지 요금을 씌우기로 악명이 높다. 그래도 나는 운이 좋았다. 공항에서 우연히 만난 디미트리가 자신의 빨간색 승용차에 나와 3명의 호주 출신 여자 배낭여행객들을 태워주면서 택시 호객꾼들의 손아귀에서 손쉽게 빠져나올 수 있었으니 말이다.

디미트리의 호의 덕에 품었던 잠깐 동안의 안심은 생각보다 빨리 다시 불안으로 바뀌었다. 차 안에서 이 베네수엘라 청년이 들려준 이야기를 통해 카라카스의 진짜 모습을 알 수 있었기 때문이다.

"있지. 베네수엘라, 특히 카라카스를 여행할 땐 조심해야 해. 밤낮을 가리지 않고 하루에 10건 이상의 총기사고가 일어나거든. 경찰은 부패해서 지나가다가 갑자기 돈을 요구하기 일쑤이고, 밤에는 강도도 많아. 너희 같은 외국인은 밤에 밥을 먹으러 나갈 때도 절대 혼자 나가면 안 돼. 알겠지?"

처음에는 설마 했지만 진지한 얼굴로 험악한 이야기를 이어가는 디미트리의 조언에 슬슬 걱정이 되기 시작했다. 그래서인지 차 안에서 바라 본 카라카스 시내는 유난히 삭막해 보였다. 실제로 집과 아파트, 상가들까지 거의 모든 건물의 1층에는 단단한 철창이 설치되어 있었다. 디미트리는 내가 혼자 왔다는 사실을 듣고는 혀를 차며 진심으로 안타까워하기까지 했다.

베네수엘라의 위험한 치안을 애써 태연하게 받아들이려 노력하던 순간이었다. 오른손으로 핸들을 잡고 차를 몰던 디미트리의 왼손이 갑자기 시야에 들어왔다.

"디미트리이이이!!! 너 지금 맥주 마시면서 운전하는 거야?"
"응, 한 캔 정도는 끄떡없지."

맥주 캔을 달랑달랑 흔들어대며 그는 거리낌이 없었다. 오히려 때마침 길에 서 있던 경찰을 대범하게 가리키며, 걸리더라도 돈만 조금 주면 상관없다고 부패한 경찰을 욕하기 바빴다. 그렇게 카라카스의 진짜 모습을 실감나게 알려주며 잔뜩 겁을 준 디미트리는 시내 중심가 한 대형 서점 앞에서 우리를 내려주고 웃으며 인사를 건넸다.

"행운을 빌어!"

그의 말이 결코 우리를 겁주려고 던진 허황된 이야기가 아니란 걸 깨닫는 데는 오랜 시간이 걸리지 않았다. 호스텔 도미토리 룸에 짐을 풀고 일과를 정리하려고 막 노트북을 켰을 때였다. 호스텔 바로 앞 골목에서 몇 발의 총성이 들려오는 게 아닌가. 그리고는 얼마 후 사이렌을 울리며 요란하게 앰뷸런스가 도착하는 소리가 들렸다.

'누군가 총이라도 맞은 걸까?' 난생처음 들어본 길거리 총성은 생각보다 충격적이었다. 그날 이후 베네수엘라에서의 일정 내내 카메라를 쓰레기 봉지에 넣어 아무도 눈치 채지 못하게 싸매고 다녔다. 밤에 함께 맥주를 마신 후 귀가했던 현지인 친구가 칼을 든 강도에게 차를 빼앗기는 등 머무는 내내 안전에 대한 불안으로 살 떨렸던 적이 여러 차례다.

베네수엘라, 특히 수도 카라카스는 상상했던 것보다도 더 위험천만한 도시였다. 차베스가 독재정치를 펼치는 정치 불안국일 뿐 아니라 세계 최악의 치안 불안국이기도 한 것이다. 이렇듯 수많은 위험요소를 안고 있는 베네수엘라지만, 그럼에도 반짝반짝 빛나는 매력을 강렬하게 뿜어내는 나라라는 것 역시 분명하다. 나는 이곳에서 거의 두 달여의 시간을 보냈다. 불안함을 안고도 여유롭고 행복했던 친구들과의 시간, 그리고 그들을 통해 행복을 발견하는 즐거움이 그만큼 컸기 때문이다.

당시 베네수엘라 사람들이 보여준 삶의 태도는 내게 큰 영감을 주었다. 평소 주변을 많이 의식하고, 앞장서서 행동하는 데 소극적인 나는 사회 안에서 스스로의 삶과 행복을 지켜내기 위해 적극적으로 행동하는 그들의 열정적인 태도에 감동했다. 이제와 다시 돌아보니 그들이 보여준 건 행복에 대한 열정을 넘어 필사적인 몸부림이었을지도 모르겠다는 생각이 든다.

10년이 지난 지금, 사회경제적 상황이 더 악화되었는데도 여전히 그들의 행복은 유효할까? 누구도 쉽게 대답할 수 없는 질문일 테지만, 내가 보고 만난 베네수엘라 사람들은 분명 이 위기를 잘 극복하고, 스스로의 행복을 되찾아낼 새로운 변화를 반드시 이끌어내리라 믿는다.

'우리'를 위해

기꺼이 싸우는 사람들

그녀는 사람이 아니었다면 분명 벌이었을 것이다. 그것도 아주 강력한 싸움 벌. 카라카스의 한 제과점에서 책임 주방장으로 일하는 마리솔은 화끈한 성격의 서른 살 여성이다. 그녀의 가장 친한 친구이자 룸메이트인 아니타는 실제로 그녀를 싸움꾼이라고 불렀고, 그 얘기를 들은 마리솔도 부인할 생각 없이 말했다.

"응, 나는 항상 싸울 준비가 되어 있지!"

마리솔은 가난한 여행자에게 잠자리를 제공해준 호스트이자, 스페인어가 서툰 나를 위해 프로젝트 작업을 도와준 고마운 친구다. 뿐만 아니라 카라카스라는 위험하고 불안한 도시에서 어떻게 행복을 지켜낼 수 있는지에 대한 해답을 찾아준 주인공이기도 하다.

베네수엘라에서의 일정도 서서히 적응이 되고 '처음 걱정했던 것보다 카라카스도 위험하진 않네' 하고 생각될 무렵, 결국 사건이 하나 터졌다. 마침 마리솔이 일을 쉬는 날이어서 함께 촬영을 위해 시내를 돌아다니는데, 경찰이 뜬금없이 불러세웠다. 디미트리가 이야기해준 것처럼 이곳 경찰들의 부패는 하늘을 찌르는데, 말로만 듣던 카라카스 경찰의 '외국인 삥 뜯기'가 내게도 일어난 것이다.

마리솔은 이 상황을 이렇게 표현했다. 경찰들을 '피라냐'라고 한다면, 나처럼 아무것도 모르는 여행객들은 그들에게 하늘에서 뚝 떨어진, 피 냄새 진동하는 고깃덩어리일 뿐이라고 말이다. 카라카스의 한 광장에서 세 마리의 피라냐들은 내게 노골적인 시비를 걸어왔다. 물론 내 실수도 컸다. 그 위험하다는 카라카스이지만 몇 주가 지나도록 아무런 일도 일어나지 않기에 방심하고 여권 사본을 집에 두고 나온 것이다.

경찰들이 우리에게 신분증을 요구했는데, 하는 수 없이 나는 여권 대신 그나마 지갑에 있던 국제학생증을 보여줄 수밖에 없었다. 당연히 그들에게 국제학생증 따위가 먹혀들 리 없었다. 마리솔은 고개를 돌려 조그만 목소리로 이야기했다.

"병주야, 얘네 그냥 돈을 바라고 있는 거야!"

"아, 그 돈 뺏는 경찰이야?"

"응! 바로 그놈들이야!"

아무런 대책이 없다는 판단을 한 나는 이미 지갑 속에 돈이 얼마나 있는지 속으로 헤아리고 있었다. 그러나 그 순간, 마리솔은 경찰을 향해 선전포고를 하고 있었다. 그제야 아니타가 그녀를 왜 싸움꾼이라고 불렀는지 실감했다. 그 상황에서 누구도 그녀를 상대할 수는 없어 보였다. 오로지 내 신분증에만 집착하며 협박하는 걸 꼬투리로 잡더니 그녀는 쉬지 않고 쏘아대기 시작했다. 성난 그녀를 당할 재간이 없던 세 명의 경찰은 결국 관할 상관에게 무전을 보냈고(결국 다 한통속이다), 5분 후 상관이 커다란 오토바이를 타고 두 명의 경찰과 함께 등장했다.

6대 1이었다. 스페인어를 할 수 없던 나는 그저 침묵할 수밖에 없었고, 마리솔의 외로운 싸움이 계속됐다. 서로 언성이 높아지고 싸움은 꽤나 지속됐다. 중간에 경찰들은 나를 오토바이에 태우려는 시도까지 했다. 그러나 마리솔은 20여 분간 조금도 밀리지 않고 그들을 몰아부쳤다.

그렇게 실랑이가 이어진 끝에 갑자기 경찰들이 웃는 표정으로 내게 국제학생증을 돌려주며 가도 좋단다. 이럴 수가! 그녀가 이겼다. 성난 표정으로 경찰들을 상대하던 마리솔의 표정도 금세 환하게 바뀌었다. 그녀는 화가 난 것이 아니라, 단지 화난 연기를 했을 뿐이었던 것이다. 경찰이 처음부터 합법적으로 접근한 것이 아니기 때문에 합법적인 이야기로 상대하면 절대 이길 수 없단다. 돌아오는 길에 잠시 카페에 앉아 그녀는 이야기를 하나 해주었다.

'Pick Your Battle', 다시 말해 '싸움을 선택하라'는 얘기다. 사람들은 때때로 옳은 결정을 위해 과감하게 누군가에게 싸움을 걸고, 이끌 수 있어야 한다고 했다. 카라카스에서 살다 보면 때론 옳지 못한 공권력과 시민의식에 전쟁을 선언해야 할 필요가 있기 때문이다. 친구와의 신의를 위해서나 상사와의 관계를 위해서, 뿐만 아니라 삶의 모든 부분에서도 꼭 필요한 전쟁이 있다고 했다.

그녀는 이때 가장 중요한 점은 이 전쟁을 선택하고 발발시키는 것이 나 스스로여야 한다는 것이라고 강조했다. 그 선택의 옳고 그름을 판단하게 해주는 잣대는 주관에 따라 다르겠지만, 대부분의 사람들은 몸과 마음으로 느끼는 보편적 도덕을 기준으로 옳고 그름을 판단할 수 있고, 스스로 환경에 대한 분석을 통해 그 잣대를 결정할 수 있다는 것이다. 그녀의 이야기는 꽤 멋졌다. 그러나 동시에 그다지 멋지게 살아가는 모습은 아닌 것 같다는 생각도 들었다. 싸움 자체를 태생적으로 싫어하는 성격 탓일 수도 있겠지만, 삶의 매 순간 주변과 전쟁을 일으킬 수도 있다는 각오를 해야 한다면 너무 처절하고 슬픈 일 아닌가.

나는 베네수엘라에서 꽤 많은 사람들을 만나 행복에 대해 이야기를 나누었다. 대부분의 사람들은 스스로의 삶이 상당히 행복하다고 증언했다. 그러나 과연 이런 나라에서 그들이 정말로 행복하게 살아갈 수 있을까 하는 의문은 내내 가시질 않았다.

"마리솔, 카라카스에서 살아가는 사람들은 그들 말처럼 정말 행복할까?"
"왜? 너무 위험해서?"
"그것도 그렇고. 네 말대로 이곳에서는 항상 누군가와 전쟁할 각오가 필요할 것 같은데, 그런 삶은 내 기준에서 별로 행복할 것 같지 않거든."

나는 그 어느 때보다 정중하고 조심스럽게 이야기를 꺼냈다. 다행히 마리솔은 언제나처럼 쿨하게 답했다.

"어쩌겠어, 이게 현실인데. 하지만 사회적 현실이 그렇다고 해서 우리가 행복하지 못할 이유는 없는 것 같아. 또 누군가와 전쟁할 각오를 갖는다는 것도 한편으로는 가족과 친구들을 지키며 행복하려고 노력하는 일일 뿐이니까. 나를 봐. 충분히 행복하게 살고 있잖아?"

그동안 마리솔을 옆에서 지켜본 나로서는 그녀가 행복하다는 데 이견이 없었지만, 당시에는 선뜻 그 말에 동의하기도 어려웠다. 하지만 시간이 지나고 생각해보니 그녀가 이야기한 행복이 무엇인지 어느 정도 이해할 수 있을 것 같다. 그녀는 대한민국 사람이 아닌 베네수엘라 사람이기 때문이다. 가족이나 친구들과의 끈끈한 유대감을 중요하게 생각하고, 화끈하고 놀기 좋아하는 남미 사람의 피까지 흐르는 베네수엘라 사람들은 그들만의 방식으로 행복을 쟁취하고 있었던 것이다.

베네수엘라에 머물던 당시, 차베스의 연임이 걸린 선거가 한창이었는데, 선거의 열기가 마치 2002년 월드컵 때 한국인들의 응원을 연상시킬 만큼 뜨거웠다. 그만큼 자신의 삶의 변화에 관심이 많은 사람들이 바로 베네수엘라 사람들이다. 말조차 잘 통하지 않는 동양인 친구를 재워주고, 가족을 소개시켜주고, 파티와 일터에 데려가고, 몸치인 나의 손을 잡고 함께 살사 댄스를 추던 열정적이고 열린 마음을 가진 사람들. 신념에 따라 때론 전투적으로 누군가를 지지하고, 때론 가족과 친구를 위해서 적극적으로 싸울 줄도 아는 사람들. 내가 자라온 완전히 다른 환경과 애초에 비교 자체를 하면 안 되는 것이었다.

물론, 우리나라 사람들도 가족과 친구를 아낄 줄 알고, 각자 속한 사회에서 신념에 따라 소신 있는 행동을 한다. 하지만 요즘은 그런 행동조차 오롯이 '나'에게만 초점이 맞춰져 움직이고 있는 것은 아닌지 문득 묻게 된다. 나의 행복을 지키기 위한 전쟁을 일으킬 용기뿐만 아니라, 내가 사랑하는 사람들과 함께 살아가는 사회를 위한 전쟁에 동참하는 용기도 동시에 필요한 시대이다. 베네수엘라 사람들의 삶에서 배울 수 있듯, 어쩌면 나만을 위해 싸워 쟁취한 행복보다 우리는 거기에서 더 많은 행복을 발견할 수 있을지도 모른다.

경제 불안으로도 막을 수 없는

행복의 근원

태양이 작열하는 뜨거운 남미의 오후 시간. 카우치서핑를 통해 만나 프로젝트의 통역까지 도와주던 켈리와 카라카스 대학 도시Ciudad Universitaria de Caracas 근처에서 대학생들의 인터뷰를 진행하고 있었다. 한 무리의 학생들과 막 인터뷰를 마치고 다른 인터뷰이를 찾기 위해 이동하던 중 길 건너 치차chicha 수레를 발견하고 켈리를 불러 세웠다.

"엇! 치차다! 켈리, 우리 치차 마실까?"

"병주, 너도 치차 좋아해?"

"당연하지. 엄청 맛있잖아!"

이국의 음료를 좋아하는 내가 신기한 듯 되묻는 켈리에게 1초의 망설임도 없이 대답했다. 치차는 베네수엘라의 국민 음료이자 남미 전통 음료인데, 나라별로 제조법이나 그 형태가 조금씩 다르다. 내가 사랑했던 베네수엘라의 치차는 쌀과 우유, 설탕으로 만든 음료를 얼음을 갈아넣은 컵에 붓고, 연유와 시나몬 가루를 뿌려 마시는 흰색 음료이다. 치차의 맛이 마음에 쏙 들기도 했지만, 한 잔 가득 담아주는데도 가격 또한 우리나라 돈 100원 정도로 저렴해서 가난한 여행자였던 내게는 최고의 음료였다.

켈리와 나는 치차 파는 아저씨로부터 한 잔씩 받아들고는 기분 좋게 한 모금씩 음미했다.

"와~ 이렇게 맛있는데 값도 싸고, 정말 좋다!"

연신 치차의 맛과 가격에 감탄사를 쏟아내는 나를 보며 웃음 짓던 켈리가 더 재밌는 걸 보여주겠다며 건너편에 있는 주유소로 데려갔다. 그리고는 난데없이 주유 기계에 적혀 있는 기름 가격을 보여줬다. 우리나라의 그것과 동일한 생김새의 주유 기계에는 경유와 휘발유의 리터당 금액이 적혀 있었는데, 아무래도 숫자가 이상했다. 경유의 리터당 가격이 0.070Bs, 무연휘발유의 리터당 가격은 0.097Bs였다. 베네수엘라의 환율 변동이 워낙 심하긴 하지만, 당시 환율은 1달러에 약 3~4Bs 사이였다. 무연휘발유 60L 크기의 중형차 기름통을 꽉 채운다고 하면 대략 계산해봐도 1달러가 조금 넘는 가격이 아닌가. 잠깐, 1000원이 조금 넘는 돈으로 중형차 한 대에 기름을 가득 채울 수 있다는 말인가? 경유라면 그보다도 적은 금액이 든다.

"이 기름값 진짜야? 싸도 너무 싸잖아!"

손에 들고 있던 100원짜리 치차가 갑자기 비싸게 느껴졌다. 엄청난 문화충격을 안겨준 켈리는 그런 내 모습이 재밌다는 듯 그저 옆에 서서 킬킬거리며 웃어댔다.

베네수엘라의 다른 물가가 기름값처럼 다 싼 건 아니다. 이런 기름값이 가능한 건 베네수엘라가 세계 최대 원유 보유국이자 손꼽히는 석유 수출국이기 때문이다. 덕분에 베네수엘라에서는 전체 인구의 상당수가 여전히 빈민층에 속해 있음에도 불구하고, 거의 대부분이 자동차를 소유하고 있다. 카라카스 시내의 도무지 이해 안 가는 교통체증은 아마도 말도 안 되게 싼 기름값이 한몫했을 것이다(카라카스의 교통체증을 한 번 경험하면, 성직자라도 진지하게 욕을 해볼 기회가 생기지 않을까 싶다).

기름값으로 인해 부러웠던 점이 한 가지 더 있다. 그들의 라이프스타일이다. 그들은 남미인 특유의 기질 덕에 당장 처한 상황이 어떻든 여유를 찾아 즐길 줄 알고, 가족이나 친구와 함께 시간 보내는 걸 항상 중요하게 생각한다. 그런데 기름값마저 저렴하다 보니 누구나 주말이면 가족이나 친구들과 차를 타고 도심을 빠져나가 여유롭게 시간을 보내는 것이 일상이다.

며칠 후, 나도 켈리와 그녀의 친구들이 함께 떠나는 주말여행에 합류했다. 복잡한 도심에서의 생활에 지칠 무렵, '진짜 베네수엘라 사람들의 라이프를 경험해보겠구나' 싶어 들떴다. 자동차의 창문을 활짝 열고 음악을 크게 틀고 들으면서 신나게 카라카스 외곽 도로로 향했다. 그리고 조그맣고 아름다운 해변에 도착했다. 진짜 카리브 해변 말이다.

카리브해는 상상했던 것보다 더 아름다웠다. 그러나 수영을 잘 못 하는 나는 바다에서도 숙소에 딸린 수영장에서도 꿔다놓은 보릿자루마냥 앉아 쉽게 즐기지 못했다. 켈리와 몇몇 친구들이 수영을 알려주겠다고 내 손목을 잡아 끌었지만, 발끝이 닿지 않는 수심에 놀란 나머지 물만 잔뜩 먹기 일쑤였다.

그뿐만이 아니었다. 수영을 마친 우리는 바비큐 파티를 시작했는데, 알레한드로가 음악을 틀자 한껏 기분이 오른 친구들이 하나둘 살사 리듬에 몸을 싣기 시작한 것이다. 놀랍게도 상대방과 함께 추는 살사를 처음 만난 사람과도 함께 추며 척척 리듬을 맞추는 것이 아닌가. 누군가 '남미인들의 피 속에는 살사 유전자가 흐르고 있어' 하고 말했던 것이 실감났다. 음악이 바뀌고, 파트너가 바뀌어도 그들은 아랑곳하지 않고, 화려한 스텝과 손놀림으로 열정적인 춤사위를 펼쳤다. 조금만 용기를 더 냈다면 훨씬 즐거웠을 시간이 지나가는 게 내내 아쉬웠다.

물론 수영이나 춤 추는 걸 못한다고 해도 그들과의 관계에 아무런 영향을 끼치지는 않는다. 함께 이야기하고 웃으며 친구가 됐고, 일부는 현재도 페이스북에서 서로 소식을 나누며 지내니 말이다. 하지만 그들이 여가시간에 타인과 함께 시간을 보내고 즐기는 문화는 주목할 만하다. 불안정한 치안과 정치·경제적 환경 속에서 개인의 삶과 행복을 추구하기 위해 다양한 투쟁을 감당해야 하는 베네수엘라 사람들. 이렇게 사랑하는 가족이나 친구들과 함께 보내는 시간들이야말로 그 고단함을 버텨내는 힘의 원천일 것이다.

사랑하는 가족이나 친구들과 함께 시간을 나누는 일은 한국 사회에서도 여전히 행복하고 소중한 일이다. 우리에게는 단 돈 1,000원으로 자동차에 기름을 가득 채울 방법도, 그림 같은 카리브 해변도, 피 속에 흐르는 살사 유전자도 없다. 하지만 베네수엘라 사람들이 실천하는 행복의 근원만 놓지 않으면 우리도 행복할 수 있다. 손에 잡히지 않는 내일을 위해, 현재 가지지 못한 것을 거머쥐기 위해, 그 근원을 점점 잊고 사는 것은 아닌지 새삼 생각하게 된다.

물질 대신

원하는 것으로 채우는 삶

생각보다 길어진 베네수엘라 일정이 마무리될 무렵, 브라질에서 그 유명한 카니발이 시작되고 있었다. 카라카스에서 프로젝트를 마치는 대로 아르헨티나를 통해 호주로 넘어갈 계획이었지만, 언제 또 브라질의 카니발과 아마존을 볼 수 있겠냐는 생각에 브라질 국경과 인접한, 베네수엘라 최남단 마을 산타엘레나Santa Elena 행 버스에 올라탔다. 그리고 이 버스 안에서 우연히 자기만의 행복을 쌓아가는 한 남자를 만났다.

그의 이름은 알레한드로 로드리게스. 베네수엘라 남동부에 위치한 드넓은 초원지대, 그란사바나La Gran Sabana에 자연재해에 대비하기 위해 개인 벙커를 제작하고 있다는 알레한드로는 알면 알수록 사연 많은, 참 잘생겼지만 가난해 보이는 쉰셋의 아저씨였다. 이름을 듣자마자 코스타리카에서 만난 젊은 철학자 알레한드로가 떠올라 반가운 기분이 들었다.

처음엔 자연재해다, 벙커다, 그란사바나 지반이 세계에서 몇 안 되는 안정된 지반이다 등 난생처음 듣는 얘기를 자꾸 해서 돈 안 벌고 쓸데없는 일에 빠져 사는 괴짜로만 생각했다. 그러나 변화무쌍했던 그의 인생 이야기를 듣고, 실제로 그의 지프를 타고 찾아간 그란사바나에서 벙커를 확인한 후로는 그의 진지한 생각을 오해한 데에 미안함을 느꼈다. 나와는 전혀 다른 삶과 가치에 열정을 쏟는 모습에 놀라웠고 존경심마저 들었다.

여행 중에 만나는 인연이 늘 그렇듯 그와의 만남도 이번이 마지막이 될 수 있기에 헤어지기 전에 알레한드로가 생각하는 행복에 대해 이야기를 좀 더 듣고 싶었다. 내 프로젝트에 대해 설명하고 인터뷰 요청을 했다. 흔쾌히 인터뷰에 응해준 그는 나와 내 카메라 앞에서 서슴없이 자신의 이야기를 시작했다.

베네수엘라 중산층 가정에서 풍족하게 성장한 알레한드로는 그의 형제들이 그랬듯 고등학교를 졸업한 뒤 미국에서 유학생활을 하기로 했다(인구의 80%가 빈민층인 베네수엘라에서 중산층이란 이미 상당한 부자를 뜻한다). 하지만 공부와 물려받은 부에 흥미가 없던 그는 미시간 대학 첫 학기에 부모님이 보내주신 한 학기 생활비를 들고 무작정 일본으로 날아간다. 어려서부터 좋아하던 가라테를 존경하는 사범으로부터 배우기 위해서였다.

그는 단지 그 한 가지 이유로 모두가 부러워하는 미국 유학 생활과 부모님의 후원을 뒤로 했다. 그 후, 일본에서 20년을 보낸 그는 가라테를 배우며 패션모델로 15년간 활동했고, 그 후 10년은 패션모델 스카우터로 일하며 전 세계를 떠돌았다고 한다. 일본에서 좋은 집과 차, 그리고 그를 따르던 꽤 많은 여자들과 인생을 즐기며 살았다고 했다. 그는 이 모든 것을 젊은 나이에 경험했다. 세월이 흘러 은퇴한 그는 4년간 미국 LA에 머물며 글쓰기 작업에 열중했고, 미국의 한 출판사와 계약을 한 후, 현재는 출판사와 원고 수정 작업 중이라고 말했다.

연신 고개를 끄덕이며 열심히 귀를 기울였지만, 정말 이걸 다 믿어야 하나 싶을 정도로 그의 삶은 파란만장하고 화려했다. 일단 차근차근 생각나는 질문을 이어갔다. 가장 먼저 꿈과 명성, 돈, 가족 등 모든 것을 다 가졌던 그에게 행복해지기 위해 가장 중요한 요소는 무엇인지 물어보았다. 알레한드로는 한 치의 머뭇거림 없이 대답했다.

"간단해. 정말 하고 싶은 일을 가슴속에 가지고 있으면 되는 거야."

돈과 좋은 차, 좋은 집 등은 사람들을 행복하게 해줄 수 있지만, 이 요소들은 내 안에 있는 것이 아니라 밖에 있는 것이고, 때문에 우리에게 찾아왔다가 다시 되돌아 나가기도 한다고 덧붙였다. 사람들이 물질적 요소에만 집중한다면, 비록 그것을 소유하게 되더라도 언제 없어질지 모르기에 불안할 수밖에 없다. 따라서 가슴속이 스스로 정말 이루고 싶은 무언가로 채워지지 않으면 절대 행복해질 수 없다는 것이다.

"그러려면 자신을 알기 위한 시간을 충분히 갖고, 그걸 알기 위해 노력하는 것이 정말 중요해. 사람은 여기 이 가슴속에 무언가를 소유했을 때만이 진짜 행복할 수 있거든. 부모님이 보장해주는 삶을 포기해야 했지만, 가라테를 배우기 위해 일본에 가고 검은 띠를 손에 쥐었을 때의 그 기쁨이란 세상 그 무엇과도 바꿀 수가 없어. 진짜 원하는 것을 가져본 사람은 알 거야."

"그럼 아직도 너는 가슴속에 채우고 싶은 너만의 무언가를 갖고 있어?"

그토록 많은 성취를 이뤄본 그가 환갑을 바라보는 나이에도 여전히 가슴속에 이루지 못한 무언가가 남아 있을까 싶었다.

"물론이야. 나는 오래전에 그걸 알게 되었고, 여전히 이 안에 있지."

손바닥으로 자기 가슴을 탁탁 두드렸다. 그리고는 나를 지긋이 바라보며 미소를 얹었다. 그의 가슴을 채우고 있다는 게 그란사바나에서의 벙커 건축인지, 요즘 만나고 있는 그의 여자친구인지, 아니면 또 다른 무엇인지 알 수는 없었다. 하지만 그것은 크게 중요하지 않다. 예순이라는 나이에도 불구하고, 여전히 구형 지프를 몰며 흙먼지를 일으킨 채 그란사바나를 누비고, 남들이 뭐라고 생각하든 혼자 힘으로 자신이 원하고 옳다고 생각하는 일을 소신 있게 이뤄나가는 모습이 중요하니까. '행복하려면 정말 하고 싶은 무언가를 가슴속에 지녀야 한다'는 그의 이야기는 이미 진실했고 충분히 가치 있는 메시지였다.

행복은 늘 그렇듯, 우리의 바람대로 쉽사리 손에 잡히지 않는다. 행복을 쟁취하는 과정은 끝없는 투쟁의 연속임을 베네수엘라 사람들의 삶을 통해서 분명하게 확인할 수 있었다. 베네수엘라에 도착했을 때 느꼈던 걱정과 불안은 앞으로도 꽤 오랜 시간 이곳에서 살아가는 이들에게 피할 수 없는 문제가 될 것이다. 정치와 경제가 파탄이 나고 국민들의 삶이 무너진 현실에서 지금 당장은 벗어나지 못할 가능성이 매우 크다.

그러나 그들은 어쩔 수 없는 상황이나 가난 앞에서도 행복을 포기하지 않는다. 자신과 사랑하는 사람들의 행복을 위해 적극적으로 행동하는 것을 삶의 일부로 받아들이는 사람들. 어떤 험악한 상황에 놓여도 이들이 행복의 끈을 놓치지 않을 것이라는 점은 분명하다. 빠른 시일 내에 베네수엘라가 국가적 위기를 극복하고, 그들이 되찾은 행복에 대한 뉴스를 멀리서나마 접할 수 있길 온 마음을 다해 기도한다.

길 위에서 만난 사람들

베네수엘라

까렐리Careli | 26세, 여, 수공예품 상인

#INTERVIEW_ Common questions

Q 소개 부탁드려요

제 이름은 까렐리 감보아고 수공예품을 팔고 있어요. 열두 살 때 이 일을 시작했지요.

Q 당신은 행복한가요?

네, 행복해요! 솔직히 현재 제 삶은 불평할게 없는 것 같기도 하고요.

Q 무엇이 당신을 행복하게 하나요?

감사하게도 건강한 삶이 있으니까요.

Q 지금 걱정하는 게 있나요?

물건 파는 게 좀 어려워요. 저는 그럭저럭 하고 있는데, 모두 장사가 잘 되는 건 아니니까요. 그래도 제가 파는 물건들은 손님들이 좋아하는 편이에요.

Q 돈이나 좋은 집, 자동차 같은 물질적인 것들이 당신에게 의미하는 건 뭔가요?

하루에 120볼리바르 좀 넘게 벌고 있어요. 장사가 잘 안 될 때는 100볼리바르 정도? 이 정도로도 부족함이 없으니, 굳이 더 많은 것들이 필요할까 싶네요.

Q 인생의 목표를 말해주세요

지금은 딱히 없어요. 하지만 내가 하고자 하면 뭐든지 할 수 있다고 생각해요.

길 위에서 만난 사람들

베네수엘라

스컬리Skely | 29세, 여, 지질학자

#INTERVIEW_ Common questions

Q 당신은 행복한가요?
네, 아주 많이요!

Q 무엇이 당신을 행복하게 하나요?
교육의 혜택을 받았고, 직장이 있고, 살 집이 있다는 것, 그리고 사랑하는 부
모님과 좋은 일과 나쁜 일을 공감해주는 친구들이 있고, 이런 멋진 나라에
서 살 수 있다는 것에 행복을 느낍니다.

Q 지금 걱정하는 게 있나요?
국가요. 제 생각에 베네수엘라 국민들은 내일에 대한 생각을 많이 하지 않
는 것 같아요. 오늘 건강하고 사랑하는 가족과 살 집이 있는 것만으로도 만
족하며 행복을 느끼는 것 같아요. 때론 국가의 내일에 대한 고민도 중요한
데 말이에요.

Q 돈이나 좋은 집, 자동차 같은 물질적인 것들이 당신에게 의미하는 건 뭔
가요?
앞에서 말한 것처럼 저는 이미 행복할 수 있는 많은 것을 가지고 있다고 생각
해요. 물질적인 것의 좋고 나쁨 자체가 주는 차이는 크지 않다고 생각합니다.

Q 인생의 목표를 말해주세요
사랑하는 사람을 만나 가정을 꾸리고, 계속 더 발전하는 사람이 되고 싶어요.

길 위에서 만난 사람들

베네수엘라

호세José | 42세, 남, 사진사

Q 당신은 행복한가요?
네, 살면서 보통 행복하죠.

Q 무엇이 당신을 행복하게 하나요?
살아 있다는 것 자체에 행복을 느끼고, 정의, 평화, 안정이 있다고 생각될 때
도 행복합니다. 길거리에 나갔는데 구걸하는 사람이 보이지 않을 때, 병원
에 죽어가는 사람이 많이 실려 오지 않을 때도 행복할 것 같아요. 우린 지금
까지 그런 것들을 많이 겪었거든요.

Q 지금 걱정하는 게 있나요?
정의가 없다고 보일 때, 거짓말을 할 때 참 불안해요. 사람들이 서로 속이
고, 무지하고, 근거 없는 자유주의 사상에 끌려 다니는 모습을 볼 때, 상대방
의 생각이나 권리를 짓밟을 때 속상하죠.

Q 돈이나 좋은 집, 멋진 자동차 같은 물질적인 것들이 당신에게 의미하
는 건 뭔가요?
좋은 직장, 존엄성 있는 노후를 위해 적당한 수입은 필요하다고 생각합니
다. 그래서 저 또한 노후를 위해 열심히 일하고 있고요.

Q 인생의 목표를 말해주세요
누구나 인생의 목표를 갖고 살아가죠. 저는 안정된 사회에서 평생 찍고 싶
은 사진을 찍으며 제 인생을 살아가고 싶습니다.

길 위에서 만난 사람들

베네수엘라

바네사Vanesa | 22세, 여, 대학생

#INTERVIEW_ Common questions

Q 당신은 행복한가요?

꽤 행복하다고 생각해요.

Q 무엇이 당신을 행복하게 하나요?

저는 알 수 없는 이유로 많은 자유를 누리고 있죠. 친구들과 주말에 해변에 놀러가 술 마시는 것 같이 소소한 것들로도 행복을 느껴요.

Q 최근 겪고 있는 사회·경제적 문제에도 불구하고, 베네수엘라 사람들을 행복하게 하는 요소들에 뭐가 있다고 생각하나요?

우리는 우호적인 성향을 가지고 있어서 타인과 잘 지내요. 가족들 간의 끈끈함도 한몫하는 것 같고, 대가 없이 남을 도우려는 태도도 행복을 만들죠.

Q 지금 걱정하는 게 있나요?

지금 나라에서 일어나는 이 모든 일들이 언제 어떻게 끝날지 걱정됩니다. 당장 저의 미래와도 연결이 되니까요.

Q 가족 간의 끈끈함과 친구들과의 우애가 좋은 사회와 경제적인 여유를 누리지만 그 유대감이 덜한 사회, 둘 중에서 고르라면요?

아무리 경제적 여유를 얻을 수 있다 해도 가족과 친구들과의 관계를 잃어버리기 싫어요. 풍족하게 쇼핑을 즐길 수 있는 삶보다 작은 동네에서 가난하게 살더라도 사랑하는 사람들과 집에서 함께 하는 시간이 훨씬 좋아요.

Q 인생의 목표를 말해주세요

하고 싶은 공부를 잘 마치고, 평생 사랑하는 사람들과 함께 나누며 살고 싶어요.

원초적인 행복을 발견할 수 있는 곳

바누아투
Vanuatu

지구촌행복지수
Happy Planet Index

2006년 1위

♦ 조사 기준 변경으로 2009년부터
바누아투와 같은 작은 국가는 대상에서 제외됐다.

가장 날 것의 행복이 존재하는

미지의 섬나라

남태평양의 작은 섬나라 바누아투 공화국. 바누아투는 시드니에서 북동쪽으로 2,250km 떨어진 곳에 위치하며, 80여 개의 크고 작은 섬들로 이루어져 있다.

천혜의 자연환경을 품고 있는 바누아투는 오랜 기간 영국과 프랑스의 공동 통치를 받다가 1980년에 독립했다. 이 작은 섬나라에는 검은 피부를 가진 순박한 태평양 섬 사람들이 살고 있는데, 두 나라의 통치를 받은 역사적 영향으로 모국어인 비슬라마어를 비롯해 영어와 프랑스어를 공용어로 사용한다.

바누아투라니, 프로젝트를 시작하기 전에는 가볼 수 있으리라고 상상조차 하지 못했던 나라다. 그 전까지는 이름조차 들어본 적 없던 나라니까 말이다. 최근에야 바누아투가 일부 방송에 소개되면서 우리나라 사람들도 어느 정도 인지를 하게 되었지만, 당시 내 주변에는 바누아투에 대해 물으면 그 누구도 알고 있는 사람이 없었다. 인터넷에서 얻을 수 있는 정보의 양도 다른 나라에 비해서 극히 적었다.

그런 미지의 나라가 어느 날 전 세계 행복한 국가 리스트 1위에 올랐고, 우연히 뉴스 기사를 통해서 그 사실을 접하게 됐다. 물론 '세계에서 가장 행복한 나라'라는 타이틀이 가장 매력적인 요인이었지만, 난생처음 들어본 섬나라에 대한 왕성한 호기심도 한몫해 결국 나는 바누아투로 향했다.

바누아투를 세계에서 가장 행복한 나라로 소개한 건 영국 신경제재단의 HPI 보고서였다. 이 나라가 높은 점수를 얻게 된 주된 이유로 다음의 세 가지 요소가 지목됐다.

1. 장수
2. 극도로 풍부한 천연자원
3. 탁월한 민주주의 수준

이 외에도 보고서는 바누아투의 훼손되지 않은 해안선과 독특한 열대우림, 생태학적 점유 면적이 산업화 이전 단계에 속하는 국가인 아프리카의 말리나 스와질란드보다도 작지만 기대수명은 터키와 비슷하다는 점, 삶의 만족도가 뉴질랜드와 비슷한 수준이라는 점 등 여러 가지 이유를 나열했다. 비록 3년 뒤 공개된 동일한 보고서에서는 새로운 데이터의 적용이라는 납득하기 어려운 이유로 바누아투를 포함해 몇몇 작은 국가를 제외했지만, 남태평양의 잘 알려지지도 않은 이 조그마한 섬나라가 당시 전 세계에서 가장 높은 점수를 받고 가장 행복한 나라에 등극했다는 건 상당히 의미가 있다.

이 신비한 나라에 대해 여러 의문을 품은 채 바누아투로 향했다. 하지만 코스타리카와 베네수엘라로 향할 때와는 달리 막막하지 않았다. 내가 가진 행복에 대한 의문들이 바누아투에 가서 그곳 사람들을 실제로 만나고 이야기를 나누다 보면 모두 풀릴 거란 믿음이 있었기 때문이다.

아르헨티나를 거쳐 호주 시드니에서 바누아투 에어라인의 프로펠러 비행기에 올라탄 후, 태평양 바다 위를 약 3시간여 비행한 끝에 바누아투의 수도 포트빌라Port Vila가 눈에 들어오기 시작했다. 내가 그토록 궁금해하는 행복의 근원이 이곳에서는 어떠한 모습으로 존재할까. 입국 수속을 마치고 출국장으로 빠져나오자 대여섯 명의 바누아투 주민들이 노래를 부르며 입국을 환영해주고 있었다. 친근한 환대가 신기하면서도 어색했지만, 누군가로부터 환영받는다는 느낌이 꽤 좋았다.

북적이는 공항 로비에서부터 바누아투는 아시아에서 온 내게 무척이나 새로웠다. 검은 피부의 퍼시픽 아일랜더들, 처음 접하

는 얼굴 생김새, 해안도시 특유의 빛바랜 페인트칠. 중미나 남미와
는 또 다른 생경함과 기대감이 설레게 했다. 이 나라가 도대체 왜 그
리도 행복한 것인지 빨리 만나고 듣고 싶어졌다.

　실제로 바누아투에 머무는 동안 알게 된 이들의 행복은 조
금 놀라웠다. 그것은 코스타리카나 베네수엘라와의 그것과도 달랐
다. 물론 수요와 공급에 기초한 자유경제 시스템이 분명 이곳에도 존
재하고 있지만, 오늘날 대부분의 자본주의 사회에서는 생각하기 힘
든 가장 날것raw의 행복이 여전히 유효한 곳이기 때문이다.

　어쩌면 이러한 이유 탓에 안타깝게도 바누아투 사람들을 행
복하게 하는 이유를 우리나라에 지금 바로 적용하는 것이 어려울 수
도 있다. 바누아투의 행복은 직접 경험을 해본 나에게도 당장 현실
감이 떨어진다. 처음엔 너무 쉽게 행복한 삶을 사는 것만 같이 보였
던 바누아투 사람들의 행복이 이제는 마냥 쉬워 보이지 않는다.

　그럼에도 기본적인 의식주만 해결되면 큰 욕심 없이 가족과 함
께 하루하루를 만족스럽게 살아가는 바누아투 사람들은 이번 여정에
서 반드시 만났어야 할 사람들이었다. 현재의 우리에게 시사하는 바
가 크고, 스스로 삶을 돌아볼 수 있는 기회를 제공하기 때문이다. 항
상 만족하지 못하고 더 많은 것과 더 나은 것을 얻기 위해 고군분투
하는 우리들. 우리는 그것을 위해 하루, 한 달, 일 년, 그 이상의 시간
도 아낌없이 포기해왔다. 그 과정에서 누군가와 함께하는 삶은 축소되
고, 개인이 목표한 것을 이루는 데에만 온 삶을 던지고 있다.

　어쩌면 사람들은 그 모든 것이 사랑하는 가족이나 친구들

과 즐거운 시간을 보내기 위한 것, 그 목표를 위한 것이라고 말할지도 모른다. 그렇다. 그러나 그것이 왜 지금이 될 수 없다는 것일까. 아직 의식주 문제가 해결되지 않아서일까. 아직 만족할 만한 소득과 지위를 얻지 못해서일까.

나는 여전히, 앞으로 무엇으로 인해 행복하게 살아갈 수 있을지 확신하지 못한다. 다만, 바누아투 사람들을 만나며 분명히 깨달은 것이 한 가지 있다. 지금의 나는 너무 많은 것을 바라고 있으며, 이미 소중한 것들을 가졌음에도 그 소중함을 인지하지 못한 채 살아간다는 점이다.

실업률 90%인 곳에서도

행복할 수 있을까

'실업자도 행복할 수 있을까?'

만약 사회보장제도가 튼튼히 한 사람의 실업 기간을 뒷받침해 주는 국가에 살고 있다면 실업자라도 삶의 다양한 방면에서 좀 더 쉽게 행복을 찾을 수 있을 것이다. 흔히 떠올리는 북유럽 국가들처럼 말이다. 하지만 대부분의 국가에서 실업자를 돌보는 일은 간단한 문제가 아니다. 막대한 국가 예산이 필요하고, 그 예산을 충당할 만큼 세금을 걷어야 하기 때문이다.

 따로 설명할 필요가 없을 정도로 대한민국은 지난 몇 년간 심각한 취업난에 허덕이고 있다. 정부는 물론 지방자치단체들도 눈앞에 닥친 취업난을 해결하는 방안을 제시하지 못하면 국민들로부터 쉽게 지지를 얻기 어려울 정도다. 이렇게 취업률이 심각한 사회 문제로 받아들여지는 우리나라에서 실업자도 행복할 수 있다고 이야기한다면 과연 얼마나 공감을 얻을 수 있을까. 욕이라도 먹지 않는다면 다행이다. 그런데 심지어 실업률이 90%라면 어떨까? 이 충격적인 수치는 그 어떤 국가에서도 쉽사리 받아들이기 힘들 것이다. 아마 복지의 천국이라고 하는 북유럽 국가들도 이 수치를 감당할 재간은 없지 않을까 싶다.

 실업률 90%는 바누아투에서 실제로 벌어지고 있는 일이다. 간단히 생각하면 취업가능 인구 10명 중에 9명은 직업이 없다는 것인데, 과연 이 상태로 나라가 운영될 수 있는지가 궁금했다. 그래서 나는 학교부터 찾아가 보기로 했다.

 피지에 본교를 둔 남태평양 대학The University of The South Pacific, USP은 남태평양에 있는 12개 나라가 공동으로 운영하는 종합대학으로, 세계 대학 순위 100위 안에 들 정도로 그 실력을 인정받고 있다. 이 대학은 회원국 12개국에 각각 하나씩 캠퍼스를 두고 있는데, 바누아투 역시 수도 포트빌라에 바누아투 캠퍼스가 설립되어 대학교육을 제공한다. 과연 이 나라의 대학생들은 어떤 생각을 하며 공부를 하고, 당장 학교는 최악의 취업률을 어떻게 받아들이고 있을까. 졸업을 해도 취업을 해서 일할 수 있는 기회 자체가 없다면, 과연 고등교육이 필요할까? 나는 학생들을 직접 만나 이야기를 들어보고 싶었다.

남태평양 대학 바누아투 캠퍼스는 소박하고 아름다웠다. 마치 잘 가꾸어진 정원처럼 나무며 잔디가 깔끔하게 정돈되어 있고, 1층 집을 여러 채 연결한 듯 작은 건물과 시설들이 자리 잡고 있었다. 활짝 열려 있는 창문으로 보이는 강의실에서는 수업이 한창이었다. 플라스틱 의자와 오래된 나무 책상, 그리고 칠판이 전부인 오래되고 낡은 강의실이지만, 교수님과 학생들의 수업 분위기는 사뭇 진지했다.

학생들을 만나기에 앞서 취업을 담당하는 학생관리처를 찾아갔다. 그리고 이곳에서 일하는 나오미로부터 관련 이야기를 들을 수 있었다. 그녀의 말에 의하면 실제로 매년 바누아투의 취업시장에는 대졸자, 고졸자, 그리고 이직희망자를 포함해 약 5,000여 명의 구직자가 나오고, 그중 약 500여 명만이 취업을 할 수 있다고 했다. 이유는 아주 간단하다. 바누아투는 작은 나라이고 일할 수 있는 직장이 그만큼 부족한 탓이다. 취업에 실패한 고등교육자들은 대부분 각자의 집으로 돌아가 가족들과 함께 생활하며 살아간다고 한다.

그렇다면 대학교에서 고등교육을 받고도 취업시장에서 선택받지 못한 구직자들은 어떤 친구들일까? 이곳에서 공부하는 학생들은 한국의 학생들과 다르게 스펙을 쌓기 위한 외국어 공부나 외부활동 대신 전공 공부에 대부분의 시간을 투자하고 있었다. 학교 도서

관 열람실에서 만난 경제학과 2학년 톰젠은 전공 외에 따로 공부하는 것이 있냐는 질문에 보고 있던 두꺼운 수학과 전공 교재를 보여주었다. 경제학을 공부하기 위해 스스로 수학을 함께 공부하고 있다고 했다.

다른 학생들 또한 크게 다르지 않았다. 스스로 필요하다고 생각하는 공부를 찾아서 하고 있었다. 그래서 이곳의 학생들은 대부분 자신의 전공에 대해서는 확실한 지식을 갖고 졸업을 한다. 모국어인 비슬라마어를 포함해 영어와 프랑스어까지 3개 국어를 하는 건 기본이다. 그럼에도 그들은 졸업과 함께 실업률 90%에 육박하는 취업 시장에 던져지는 것이다. 한쪽에서 열심히 공부 중이던 법학과 2학년 윌다에게 다가가 이야기를 나누었다.

"요즘 어때? 행복해?"

"그럼, 나 정말 행복하지!"

"저기 말야. 바누아투에서는 취업하기가 엄청 어렵다고 들었어."

"응, 맞아!"

"어떻게 생각해?"

"취업을 앞둔 학생으로서 그건 엄청 큰 문제지. 바누아투에는 지금 채용 자체가 거의 없어. 나라가 작으니까 일자리도 적거든."

"이렇게 열심히 공부를 했는데도, 졸업하고 직장을 구하지 못하면 뭘 할 계획이야?"

"음……, 집으로 돌아가서 고기도 잡고 작물도 재배하면서 지내야지."

"그래도, 행복할까?"

"물론, 당연하지!"

　사실 남태평양 대학에 인터뷰를 하러 오기 전에 이미 이들의 마인드에 대해 들은 적이 있었다. 하지만 대답을 예상했더라도 실제로 들으니 꽤 충격이었다. '이렇게 열심히 공부하고 노력했는데, 그냥 집으로 돌아가야 한다면 인생이 불행하게 느껴지진 않을까?' 여러 가지 생각이 들었지만 차마 입 밖으로 꺼내지 못했다. 남태평양 대학 학생들은 그나마 사정이 좀 나은 편이다. 왜냐하면 이곳을 졸업하면 분교가 있는 다른 11개국에서 취업할 수 있는 기회가 주어지기 때문이다. 하지만 평생 살아온 나라와 가족을 떠나서 그 기회를 선택하는 것 또한 쉬운 일은 아닐 것이다.

　수년간 열심히 공부한 내용을 바탕으로 취직을 해서 국가와 사회에 보탬이 되고, 스스로 만족할 정도의 돈을 벌고, 안정된 가정을 꾸려가는 것 같이 각자가 꿈꾸는 성공한 삶에 대한 목표가 분명 있었을 것이다. 하지만 국가적 상황 탓에 그들은 어쩔 수 없이 처한 현실을 받아들인다. 하지만 흥미로운 부분은 취직을 하지 못한다는 사실 자체로 스스로의 인생을 불행하게 느끼지도 않는다는 것이다. 대한민국에서 어렵게 취업을 준비하고, 하루하루 고단함을 견뎌가며 직장생활을 해나가는 입장에서는 이 사실이 충격일 수 있다. 더구나 우리에게는 취업실패의 원인을 개인에게만 두는 문화까지 있으니 말이다.

바누아투 사람들이 취업실패를 태연하게 받아들일 수 있는 이유는 무엇일까? 이는 가장 기초적인 행복의 원리에서 기인한다. 우선 바누아투 사람들은 개인이 돈을 벌지 못해도, 국가가 시스템적으로 지원을 하지 않더라도, 천혜의 자연환경만으로도 가장 기초적인 의식주가 해결된다. 입을 것과 지낼 곳은 그 가치가 우리의 그것과는 매우 다르기 때문에 마련하는 데 별다른 어려움이 없고, 먹을 것은 자연을 통해 완전히 해결이 된다.

이들이 지닌 행복의 기준 자체도 우리와는 매우 다르다. 취업을 해서 더 많은 돈을 벌거나 사회적으로 성공하는 등 장기적이고 목표 지향적인 성과를 이루어야만 행복하다고 말하지 않는다. 일상에서 쉽고 자연스럽게 발견하는 것에 행복의 기준이 맞춰져 있기 때문이다. 그래서 이곳의 대학생들은 굳이 취업에 성공하지 못하더라도 큰 불안을 느끼지는 않는 것 같았다.

물론 우리에게는 바누아투와 같은 환경이 존재하지 않는다. 학교 가는 길에 길가에서 바나나를 따먹고, 집에 돌아오는 길에 작살을 들고 바다에 들어가 물고기를 잡아서 가족과 저녁을 먹는 이들의 삶은 우리 중 그 누구에게도 현실적이지 않다.

하지만 이들이 지닌 행복의 기준은 분명 생각해볼 가치가 있다. 물론 취업도 중요하고, 학교와 직장에서의 목표도 중요하다. 그러나 우리가 너무 먼 미래에 이뤄질 목표에만 행복의 기준을 두고 살고 있는 건 아닐까. 어쩌면 바누아투 사람들과 달리 쉽고 자연스러

운 일상에도 행복이 존재한다는 진리를 깨닫는 지혜가 없는 것일지
도 모르겠다.

"바누아투에서는 돈이 행복을 가져다주는 데 중요한 역할
을 하지 않아요. 만약 지금 당신의 지갑에 단 1바투도 없다 할지라
도, 자라나는 농작물이 있고 바다에 가면 언제든 물고기가 있잖아
요. 게다가 건강한 가족이 함께 있다면 모든 게 평화롭고 행복하
죠. 돈이 많다는 사실 자체만으론 당신은 행복할 수 없어요. 가난하더
라도 여전히 행복하게 살 수 있다는 사실을 잊지 마세요."

내색하진 않았지만 남태평양 대학 학생관리처 나오미의 확신
에 찬 목소리를 들으며 그들의 삶과 사고방식이 무척이나 부러웠다.

바누아투에

거지가 없는 이유

그동안 도시에서 도시로 바쁘게만 옮겨 다녀서였을까. 모든 게 멈춰 버린 듯한 이 작은 섬나라 항구도시에서의 생활이 아늑하고 여유롭게 느껴졌다.

우연히 샘을 만난 건 포트빌라에 머문 지 3일째 되는 날이었다. 햇빛이 따뜻하고 바람이 적당히 부는 황홀한 날씨 탓에 도저히 카메라를 들고 작업을 하러 나갈 기분이 들지 않는 날이었다. 숙소 근처 한적한 해변에서 산책을 하는데, 샘이 물고기를 잡고 있었다. 그는 작살과 수경 외에 별다른 도구 없이 잠수를 해서 물고기를 낚아채고 있었는데, 그 모습이 하도 신기해서 가만히 지켜보았다.

그가 물 밖으로 나왔을 때 궁금한 것들을 이것저것 물어보며 함께 이야기를 나누었다. 그 후로 샘은 내가 포트빌라에 머무는 동안, 바누아투의 많은 것을 보여주고 경험하게 도와준 소중한 친구가 됐다. 서른 살인 샘의 본명은 사무엘 햅티파. 해변에서 작살로 물고기를 잡고 있었지만, 알고 보니 포트빌라에 위치한 바누아투 교육부에서 일을 하며, 뉴질랜드로 석사과정 유학을 가려고 준비 중인 나름 국가의 고등인력이었다.

포트빌라라는 도시에는 바누아투를 형성하는 여러 섬으로부터 모여든 사람들이 가족단위 공동체 생활을 하는 경우가 많다. 샘 역시 가족들과 함께 타나 아일랜드에서 이주해 일과 공부를 병행하며 작은 마을공동체에서 살고 있었다.

"물고기는 많이 잡았어?"
"아니, 오늘은 큰 거 한 마리랑 작은 거 한 마리 정도 잡은 게 전부야."

머리와 얼굴에 흐르는 바닷물을 닦던 두툼한 손으로 허리춤에 꿰어놓은 물고기 두 마리를 들어 보였다. 나 역시 어릴 적부터 아버지와 함께 바다에서 낚시하는 걸 좋아했던 터라 샘과 자연스럽게 낚시 이야기를 나눌 수 있었다. 그리고 내친김에 바누아투의 행복에 대한 이야기도 슬쩍 꺼내보았다.

"있잖아, 사람들이 바누아투가 행복한 나라라고 하던데 어떻게 생각해?"

"오, 그렇고말고. 우리가 아마도 전 세계에서 가장 행복한 사람들일 거야."

"그래? 근데 여기에서는 할 수 있는 일이 적어서 실업률이 엄청 높다고 들었어. 게다가 며칠 지내보니까 재미있게 놀거리도 별로 없는 것 같은데?"

처음에는 아주 활기차게, 조금은 장난스럽게 대답을 했던 샘도 내가 그의 대답에 부정적인 뉘앙스로 대꾸를 하자 차분하게 대답을 이어갔다.

"응 맞아. 여기에서는 딱히 할 일이 없어. 재밌는 일이 많지도 않고. 근데 내 생각엔 그래서 좋은 것 같아. 인구의 80% 정도는 여전히 도시 밖에 있는, 발달되지 않은 섬에 살고 있고, 대부분은 오로지 가족과 함께 지내면서 작물을 재배하거나 물고기를 잡으며 하루를 보내지. 그 외의 시간은 그냥 나무 그늘 아래서 쉬거나, 바닷가에서 수영하거나, 아이들과 놀면서 시간을 보내는데, 사실 그래서 행복한 거 아닐까?"

"…… 응?"

그의 대답도 남태평양 대학에서 만난 대학생들의 생각과 크게 다르지 않았다. 하지만 여전히 이런 삶의 방식이 너무 생소했기 때문에 그의 말을 어떻게 받아야 할지 몰라 우물쭈물했다. 결국 의심투성이의 질문들을 이어갔다.

"그래도 어느 정도 수입이 없으면 가족들이 함께 사는 데 불편하지 않을까?"

"이제 바누아투 사람들에게도 살아가는 데 기본적인 생필품 같은 건 필요하고, 그러려면 아무래도 돈이 필요하지. 하지만 그건 재배한 작물을 시장에 나가서 팔거나 직장을 갖고 있는 가족 중 누군가가 채워주면 되니까 괜찮아."

"아, 그렇구나. 그런데 가족 중에 직장 있는 사람이 아무도 없으면?"

"작물을 더 기르겠지?"

"아이들도 같이?"

"아이들도 어릴 때부터 물고기를 잡긴 하지만, 그보다는 그냥 많이 놀지."

실제로 바누아투에서는 직계가족뿐만 아니라 친척들까지 함께 공동체를 이루며 살아가는 경우가 많다. 가족 중 한 명만 돈을 벌더라도 공동체 모두가 당연한 듯 함께 그 수입의 혜택을 누리며 산다. 그래서일까. 바다와 땅에서 얻을 수 있는 풍부한 먹거리와 대가족 중심의 깊은 유대가 바탕에 깔려 있는 바누아투에서는 실업자가 많고 소득이 적더라도 길거리에서 구걸하는 거지를 찾아볼 수 없다.

알면 알수록 생소한 그들의 라이프스타일을 내가 전혀 상상하지 못하는 걸 눈치 챈 걸까. 샘이 갑자기 자신이 살고 있는 마을 공동체를 보여주겠다고 했다. 그를 따라 해변 뒤편으로 자리한 숲을 30미터 정도 가로지르자 마을이 나타났다.

"와, 해변 바로 뒤에 집이 있는 거네?"
"응, 여기가 우리 집이고, 저기가 주방, 그리고……."

그가 소개하는 마을과 집을 보면서 다시 한 번 놀랄 수밖에 없었다. 샘의 집은 나무 판자를 엮어 간신히 공간을 확보한, 그냥 작은 판잣집이었다. 그런 집들이 옹기종기 모여서 그가 이야기한 공동체 마을을 이루고 있었다. 판자로 만든 2~3평의 공간이 집이라고 하기에는 초라해 보였지만, 나름 주방공간과 이불이 깔린 침실, 공동으로 사용하는 화장실 등 살아가는 데 필요한 최소한의 공간들은 모두 갖춰져 있었다.

해맑은 얼굴로 집 안 곳곳을 뛰어다니는 아이들과 낯선 사람에게도 반갑게 인사를 건네는 어르신들을 만나고 나자, 이 작은 판잣집도 처음 보았던 외형과는 달리 무척이나 아늑하고 따뜻하게 보였다.

"나는 여기서 내 가족과 친척들이랑 같이 살아."

"집이 크진 않네. 이 모든 가족이 함께 생활하려면 불편하지는 않아?"

"괜찮아. 주로 바닷가나 밖에서 시간을 많이 보내니까 별로 불편한 건 없어."

이번에도 해답은 자연에 있는 것인가. 자연 속에서 보내는 시간이 많은 그들에게는 집이 추위와 어둠, 그리고 소나기나 강한 햇살로부터 가족을 보호해주는 보호소shelter로서의 의미가 더 큰 것인지도 모르겠다. 집 안에서 무수히 많은 시간을 보낼 뿐 아니라 집 자체가 사회적 지위나 부의 기준이 되기 때문에 더 큰 집, 더 나은 집을 위해 인생을 투자하는 우리와는 완전히 다른 차원의 사고관을 지닌 것이다. 이처럼 기본적인 의식주를 해결하는 생활에 정확히 부합하며 살아가고, 거기에서 만족을 느끼는 바누아투 사람들의 사고방식은 알면 알수록 새롭고 놀라웠다.

그렇게 시간 가는 줄 모르고 샘과 이야기를 나누고 아이들과 뛰어다니면서 신나게 오후 시간을 보냈다. 아이들도 외국인인 나를 낯설어 하지 않았고, 나중에는 서로 나와 놀고 싶다고 다투기까지 하는 게 정말 귀여웠다.

"병주, 저기 꼬마 녀석 보여? 내 아들 윌리엄이야. 내일이 생일인데 너도 꼭 와. 아이들이 좋아할 거야"

얼떨결에 샘 아들의 생일파티에 초대를 받은 나는 다음 날 저녁 다시 한 번 그곳을 방문하게 되었다. 세 살 꼬마아이의 생일이었지만, 생일을 축하하려고 모인 인원이 족히 20명은 넘어 보였다. 아이부터 어른까지 온 가족 친지들이 다 모인 듯했다. 윌리엄이 커다란 생일 케이크의 불을 끄자 어른들은 뷔페로 차려진 음식을 나누어 먹으며 이야기를 시작했고, 아이들은 오랜만에 과자를 실컷 먹으며 신이 났다.

나도 덩달아 신이 나서 그들이 차려둔 밥을 맛있게 먹으며 즐거운 시간을 보냈다. 미처 선물을 준비하지 못했던 나는 온 가족을 불러 모아 가족사진을 찍어주었고, 사진은 나중에 샘에게 이메일로 보내기로 했다.

바누아투가 오랜 세월 지켜온, 서로 협력하며 사는 대가족의 삶이 대단해 보이기도 했고 감동스럽기도 했다. 지금 대한민국에서 바누아투처럼 온 가족이 함께 모이는 날은 설이나 추석 같은 명절이 유일한데, 요즘은 그마저도 쉽지 않은 게 현실이다. 우리는 무엇을 위해 이런 대가족의 삶을 내려놓았을까. 그 삶을 포기하고 우리가 얻고자 했던 새로운 삶을 얻고는 있는 걸까.

내가 인생을 살면서 기대하고 목표하는 것들과 비교하면, 바누아투 사람들의 삶에서는 아무런 기대감이 느껴지지 않는다. 그들에게는 앞으로의 삶에 대한 기대보다 지금의 작은 행복들을 사랑하는 사람과 나누는 게 더 중요해 보였다. 굳이 더 크게 기대하고 큰 목표를 만들어서, 해결해야 하는 여러 가지 문제를 맞닥뜨릴 필요를 못 느끼는 듯하다. 과연 우리는 삶에 무엇을 기대하며 살아가고 있는 것인지, 그것이 정말 지금 우리에게 중요한 것인지, 문득 궁금해졌다.

다른 조건,

같은 희망

모든 나라들이 처한 상황은 다르다. 때로는 정치적으로, 때로는 문화적으로, 때로는 경제적으로, 그리고 심지어 그 상황들은 시시각각 변화한다. 그럼에도 불구하고, 모든 사람들은 동일한 가치의 행복을 추구한다.

'빠르게 빠르게', 그렇게 사는 게 미덕인 나라 대한민국에서 자란 나였기에 더 강렬하게 느꼈을 수 있지만, 바누아투는 유난히도 느리고 여유가 넘치는 곳이었다. 포트빌라 시내에는 바누아투에서 유일한 PC방이 있는데, PC방 간판을 달고 있지만 인터넷 속도는 정말 말도 안 되게 느리다. 하지만 그 어떤 손님도 불평하거나 조급해하지 않는다. 오히려 클릭을 해두고 기다리는 동안 느긋하게 독서를 할 정도다. 아이들도 따로 놀 시간을 정해두고 놀지 않는다. 해변에서 놀다가 배가 고프면 근처 바나나 나무로 우르르 몰려가서 바나나를 따먹은 후 다시 바다로 뛰어든다. 물론, 학원도 숙제도 없다.

저녁식사 준비를 할 때도 여유가 있다. 남자가 낚시로 물고기를 잡아오면 그날 저녁엔 다 같이 물고기를 먹고, 물고기를 못 잡는 날이면 그냥 밭에서 기른 작물 중 하나를 뽑아와 온 가족이 식사를 한다. 그러곤 남자들은 밤이 되면 동네마다 있는 카바 바KAVA Bar(카바를 마시는 일종의 술집)에 모여든다. 카바는 서태평양 지역에서 자라는 작물의 한 종류인데, 뿌리에 진정제, 마취제, 행복감을 주는 효과가 있는 것으로 알려져 있다.

바누아투 사람들은 카바 바에 모여 마취효과와 진정효과가 있는 이 음료를 마시고는 마비된 혀로 연신 바닥에 침을 뱉어가며 다 같이 늘어져서 긴 밤을 함께 보낸다. 어쩌면 내가 살아오던 모습과 이렇게 다를 수 있을까. 그들은 정말 이렇게 지내도 문제가 없는 것일까. 아이가 자라서 어른이 되고, 결혼을 하고, 가정을 꾸리고, 함께 나이 들어가며 행복하게 살아가는 것이, 이런 삶으로도 가능한 것이란 말인가.

나의 학창시절이 생각난다. 고3이 되면서 오랜 단짝 사웅이와 나는 처음으로 공부라는 것을 해보기로 마음먹었다. 그제야 수

능을 준비하려면 매우 늦었지만 말이다. 우리는 매일 아침 학교에 1등으로 도착했다. 누가 시키지 않아도 야간 자율학습을 빼먹지 않았고, 그렇게 1년은 노력파 수험생들로 지냈다. 하지만 우리뿐 아니라 모두가 똑같은 목표를 세워 열심히 공부를 하는 시기였기에 공부는 쉽지 않았다. 이미 자신만의 공부법을 터득해 좋은 성적을 유지하는 친구, 다른 건 몰라도 수학에는 도가 튼 친구, 조금만 공부해도 많은 걸 머릿속에 넣을 수 있는 머리 좋은 친구들이 있었으니까. 같은 목표를 가지고 있지만 각자 다른 조건에서 공부를 하는 것이다.

우리가 간절히 바라는 행복도 마찬가지가 아닐까. 행복한 삶은 지구 위에서 살아가는 모든 사람들에게 동일한 목표일 것이다. 하지만 그 행복을 내 삶에 끌어들이기 위해 각자에게 주어진 환경은 너무나 다르다. 누군가는 완벽한 복지국가에서, 누군가는 전쟁 중인 국가에서, 누군가는 굶주림이 당연한 국가에서, 누군가는 무한 경쟁이 강조되는 국가에서, 이렇게 똑같이 행복을 꿈꾸며 서로 다른 삶을 살아간다. 따라서 어쩌면 행복한 삶을 앞에 두고도 태어나는 순간부터 어느 정도 불공평한 게임을 하는 것일 수도 있겠다.

그러나 바누아투에서 행복을 누리는 사람들을 만난 후, 당장 주어진 환경의 차이를 뛰어넘는, 그 사회와 문화가 가진 특별한 의식의 영향도 있다는 것을 알게 됐다. 바누아투의 열악해 보이는 의료 시설과 보건상태가 혹시 삶의 만족도와 행복에 부정적인 영향을 미치지는 않을까 생각해 바누아투 적십자사Vanuatu national red cross society를 찾아간 적이 있다. 그곳에서 만난 조지와 이야기를 나누며 놀라지 않을 수 없었다.

"실제로 바누아투 커뮤니티의 보건관리 시스템은 매우 열악합니다. 이곳의 건강 문제는 정신 질환부터 시작해 매우 다양하죠. 그럼에도 불구하고 바누아투 사람들은 스스로의 건강상태에 대해 그냥 웃고 넘깁니다. 병을 진단받아도 그동안 살던 대로 그냥 살아가는 거예요. 그저 자기가 속해 있는 커뮤니티에서 남은 시간을 즐길 뿐입니다."

"네? 아픈 데도요?"

"맞아요. 심지어 심각하게 아픈 사람에게 '좀 어때요?' 하고 물어도 점점 나아지고 있다고만 대답해요. 서구사회의 시선으로 보면 아주 독특한 모습일 거예요. 암으로 죽어가는 사람에게 안부를 물어도 '난 정말 괜찮아, 고마워 형제여' 하고 대답하는 곳이 바누아투니까요."

"죽어가는 중에도요?"

"네, 죽어가는 중에도요. 저 역시 바누아투 사람이지만, 적십자사에서 일하며 만나온 대부분의 바누아투 사람들이 그랬습니다. 사실 우리는 기본적인 욕구만 충족되면 모든 걸 만족하죠."

"솔직히 이해가 잘 안 되긴 해요. 죽음을 앞에 두고도 이렇게 생각하고 말하는 게 진짜 보편적일 수 있는 건가요?"

처음에는 도무지 믿고 싶지 않을 정도의 사고방식이었다. 하지만 그들의 이런 가치관과 세계관을 지속적으로 접하면서 월등한 경제력도, 강한 군사력도 없는 남태평양의 섬나라 바누아투가 왜 세계 최고의 행복한 나라로 뽑혔는지 조금은 알 것 같았다. 바누아투 사람들의 행복은 주로 그들이 자연으로부터 받는 풍부한 혜택과 물질에 대한 적은 욕심, 미래에 대한 적은 기대감, 그리고 가족 간의 강력한 유대감으로부터 발생한다.

다른 말로 좀 더 쉽게 풀이하면, 바누아투 사람들은 아주 기본적인 형태의 의식주를 자연으로부터 매우 간단히 해결하며, 그 이상의 재력과 사회적 지위에 대한 욕심도 적다. 또 한 개인이 지닌 물질적인 요소나 사회적인 지위가 주변의 누군가와 비교되며 상대적인 만족감을 발생시키는 정도가 현저히 낮다. 그리고 대가족 중심으로 구성되는 그들의 삶은 정서적인 여유와 풍성함을 제공하고, 때때로 물질적·정신적인 문제가 발생할 때 든든한 지원군이 되어준다. 이 모든 것들이 현재 우리에게는 부족하거나 없는 요소이다.

길 위에서 만난 사람들

바누아투

밀드렛Mildred | 36세, 여, 초등학교 교사

#INTERVIEW_ Common questions

Q 당신은 행복한가요?
행복해요.

Q 무엇이 당신을 행복하게 하나요?
여기 있는 우리 아들? (웃음) 할 수 있는 일이 있고, 가족이 있으니까요. 그
리고 바투아투에서는 귀찮을 일이 별로 없죠. 행복해요.

Q 지금 걱정하는 게 있나요?
음……, 정말 별다른 걱정거리가 없어요. 하루하루 집중하면서 살아가고 있
으니까요.

Q 하루하루를 집중하면서 살아간다고요?
그래요. 그러니까 그다지 걱정할 일이 많지도 않은 거죠.

Q 흥미로운데요, 그럼 돈이나 좋은 집 같은 물질적인 요소가 당신에게 의미하
는 건 뭔가요?
글쎄요. 있으면 나와 가족을 위해 좋겠지만, 없어도 큰 문제는 없는 무엇
인 것 같아요.

Q 인생의 목표를 말해주세요
(한참 고민하다가) 다른 나라를 방문해보고 싶어요. 가능하다면 그 나라
가 캐나다면 좋겠네요. 꼭 한 번 가보고 싶거든요.

툼젠Tumgen | 22세, 남, 대학생

#INTERVIEW_ Common questions

Q 당신은 행복한가요?

네, 행복하죠.

Q 무엇이 당신을 행복하게 하나요?

바누아투의 환경도 그렇고, 지금 다니는 학교 역시 날 행복하게 합니다. 사
실 이곳에 있는 그 무엇도 나를 불행하게 할 만한 것은 없어요.

Q 지금 걱정하는 게 있나요?

음……, 지구온난화와 해수면 상승을 걱정하고 있어요. 요즘 포트빌라에
도 빌딩이 많이 지어지고 있거든요. 다른 걱정거리는 크게 없어요.

Q 바누아투에 취직할 수 있는 기회가 많이 부족하다던데, 걱정되지 않나요?

걱정이긴 하죠. 하지만 직장이 없더라도 바누아투에서는 필요한 것들을 주
변에서 구할 수 있으니 큰 걱정은 없어요.

Q 돈이나 좋은 집 같은 물질적인 요소가 당신에게 의미하는 건 뭔가요?

생선이 먹고 싶으면 바다에 가면 되고, 과일이 먹고 싶으면 나무에 올라가
면 돼요. 주변에 있는 것들로도 충분히 얻을 수 있고 행복하니까, 그 이상
의 무언가는 불필요한 것 같아요.

Q 인생의 목표를 말해주세요

경제학 공부가 정말 재밌어요. 지금 보고 있는 수학책도 경제학에 도움이 되서 보고
있는 건데, 열심히 공부해서 경제학으로 무언가 할 수 있다면 좋겠습니다.

길 위에서 만난 사람들

바누아투

사라Sarah | 59세, 여, 주부

#INTERVIEW_ Common questions

Q 당신은 행복한가요?
행복해요.

Q 무엇이 당신을 행복하게 하나요?
신앙이 있으니까요. 그리고 저는 주로 이 동네에서만 생활하는데, 주변에 사
랑하는 사람들이 많아서 행복합니다.

Q 평소에 어떤 일을 하면서 지내세요?
평범해요. 음식을 하기도 하고, 청소를 하기도 하고, 어린아이들을 돌보기
도 하죠. 가끔 시내에 있는 마켓에 들르기도 하고요.

Q 혹시 요즘 걱정하는 게 있나요?
별다른 걱정거리는 없어요. (웃음)

Q 돈이나 좋은 집 같은 물질적인 요소가 당신에게 의미하는 건 뭔가요?
글쎄요. 비록 완벽하진 않지만, 한 집에 사는 10명의 가족들이 함께 먹고 지
내기에 지금도 충분하기 때문에 별 의미는 모르겠어요.

Q 인생의 목표를 말해주세요
우리 가족 모두가 행복했으면 좋겠습니다.

길 위에서 만난 사람들

바누아투

마리오Mario | 27세, 남, 청년

#INTERVIEW_ Common questions

Q 바누아투가 세계에서 가장 행복한 나라 중 한 곳이라는 사실 알고 계세요?
그럼요. 알고 있죠! 바누아투 사람들은 정말 행복합니다.

Q 무엇이 바누아투 사람들을 행복하게 하나요?
행복한 이유라……, 바누아투 사람들의 삶은 단순하거든요.

Q 심플한 삶에 대해 좀 더 알려주세요
심플한 삶, 뭐라고 표현하면 좋을까요. 걱정거리가 별로 없고, 살아가는
데 돈도 많이 필요 없지요.

Q 그럼 당신은요? 당신은 행복한가요?
완전 행복합니다!

Q 무엇이 당신을 행복하게 하는데요?
좋은 날씨에 친구들을 만나고, 함께 동네를 돌아다니면서 좋은 시간을 보내
는 것만으로도 난 충분히 행복해요.

Q 인생의 목표를 말해주세요
인생의 목표라기보다는, 언젠가 당신처럼 카메라를 촬영해보고 싶어요.

국가의 위기를 극복하고 행복을 되찾은

아이슬란드
Iceland

세계행복보고서 World Happiness Report	2017년 3위 2018년 4위 2019년 4위
행복에 관한 세계 데이터베이스 World Database Of Happiness	2005년 3위 2011년 3위 2017년 4위
더나은삶지수 Better Life Index	2008년 1위 2010년 4위 2012년 5위 2013년 9위

얼음의 땅에서

꽃피운 행복

따뜻한 남반구에서 행복을 찾아 빙하가 있는 나라까지 올라와 버렸다. 미국에서 뜨거운 중남미로 떠난 게 얼마 전 같은데 말이다. 아이슬란드, 얼음의 땅이라니. 한 나라의 이름이 이토록 사랑스럽고 동화 같을 수 있을까! 옆 동네에 있는 그린란드Greenland와 함께 전 세계에서 가장 쉽고 오래 기억에 남는 이름이지 않을까 싶다.

아이슬란드라는 이름의 유래도 재미있다. 이 땅에 처음 정착한 건 스칸디나비안 게르만족이었는데 척박할 줄 알았던 환경이 의

외로 마음에 들자, 외부에 마치 척박한 땅처럼 보이기 위해 일부러 지어낸 이름이라고 한다.

정식 명칭은 아이슬란드 공화국Republic of Iceland. 아이슬란드는 북대서양의 북쪽에 위치한 섬나라로, 9세기경 게르만족이 정착하기 전까지는 베일에 싸인 무인도였다. 그 뒤 오랜 기간 노르웨이와 덴마크의 통치를 받다가 2차 세계대전 중에 나치 치하에 있던 덴마크로부터 독립하면서 공화국 명칭을 사용하기 시작했다. 그리고 국가 경제를 지키기 위해 영국이라는 대국에 당당히 맞서 세 차례나 대구전쟁Cod War을 벌일 정도로 독립적인 국가로 성장했다.

면적은 10만㎢를 조금 넘어 세계 109위로 매우 작은 나라인데, 우리나라는 그보다도 더 작으니 국토 면적과 행복은 크게 상관없을지도 모르겠다. 다만, 아이슬란드의 인구밀도는 3.1명/㎢으로 우리나라의 509.2명/㎢과 비교하면 현저히 낮다. 서북쪽으로 거대한 그린란드와 마주하고 있고, 남동쪽으로는 아일랜드, 영국, 덴마크, 노르웨이와 접해 있다. 또 많은 사람들이 아는 것처럼 화산활동이 활발하고(실제 2010년에 에이야프얄라요쿨 화산이 폭발해 유럽 전체에 거대한 영향을 끼친 이래, 거의 매년 화산 폭발 조짐을 보이며 세계를 긴장시키고 있다), 동시에 북극과 가까워서 거대한 빙하지대 역시 존재한다.

지리적 이유나 이름 탓에 항상 매서운 칼바람이 불고 엄청 추울 것 같지만, 따뜻한 북대서양 해류가 흐르기 때문에 의외로 기온은 영상으로 유지되고 위치에 비해 따뜻하기까지 하다. 이런 몇 가지 사실들만 이야기하더라도 아이슬란드는 정말 신비로운 나라가 아닐 수 없다. 거기에 이미 유명세를 탄 오로라까지 더하면 너무도 궁금한 미지의 세계 같은 느낌이 든다. 하지만 특별한 목적을 가지고 떠난 내가 아이슬란드에 더 호기심이 일었던 이유는 이 나라를 수식하는 다양한 타이틀 때문이었다.

아이슬란드를 수식하는 타이틀은 생각보다 많다. 유럽 최북단의 섬나라, 바이킹의 후예들이 사는 나라, 빙하와 화산이 공존하는 나라, 높은 임금, 그리고 세계 최상위권의 행복지수 등. 이 외에도 눈에 띄는 타이틀이 더 있다. 유럽에서 가장 높은 출산율과 이혼율을 동시에 가진 나라, 그리고 유럽에서 자살률이 가장 높은 나라 같은 것들 말이다.

세계 최상위권의 행복지수와 극명히 대비되는 마지막 세 가지 타이틀을 보며 작은 의문이 생겼다. 가정의 행복이 개인의 행복에 미치는 영향은 분명 클텐데, 높은 출산율과 함께 높은 이혼율, 자살률을 가진 국가의 아이들이 어떻게 행복할 수 있을까 싶었기 때문이다.

반대로 긍정적이고 재미있는 타이틀도 많았다. 아이슬란드는 당시 세계에서 6번째로 높은 1인당 GDP를 갖고 있었고, 전 세계를 통틀어 책을 가장 많이 사는 나라 중 한 곳이다. 남자들의 기대수명이 세계에서 가장 높았으며, 여자들 또한 크게 뒤처지지 않는다. 세계에서 가장 오래된 의회 민주주의국가(의회 민주주의 발상지로 알려진 영국보다 300년 이상 앞선다)이자 철저한 중립국이며, NATO 가입국 중 유일하게 상비군이 없다. 이런 환경이 불안해 보이는 가정환경과 몇몇 조건이 가진 행복에 대한 우려를 상쇄하는 것일까.

아이슬란드는 2008년 리먼 브라더스 사태로 인한 세계 경제위기 때 유럽에서 가장 먼저 국가부도가 난 나라이기도 하다. 국가부도는 우리에게도 낯선 단어가 아니다. 1997년, 대한민국 역시 IMF 외환위기를 겪은 바 있다. 당시 초등학교 5학년이었던 나는 평소와 다름없이 친구들과 놀기에 바빴지만, TV 뉴스에서 온종일 앵커들이 심각한 표정으로 'IMF', '위기' 같은 단어를 끊임없이 이야기했던 것과 금 모으기 운동을 하며 위기 상황에서 똘똘 뭉쳤던 국민들에 대해 자부심이 들었던 기억이 있다.

대한민국은 IMF를 비교적 빠른 시간 내에 극복해냈고, 국민들의 힘으로 국가 위기를 잘 벗어났다고 생각했다. 그러나 당시에는 바로 체감하지 못했지만, IMF를 기점으로 수많은 회사가 문을 닫아 실업자가 양산됐고, 아버지들의 직업이 바뀌거나 풍요로웠던 삶의 형태가 송두리째 사라지고 살림이 극도로 어려워지거나 가정이 파괴되기도 하는 걸 보며, 국가의 부도가 개인의 삶에 미치는 영향이 매우 심각하다는 걸 깨달았다. 그런데 아이슬란드가 바로 그 상황에 직면해 있었던 것이다.

매번 새로운 나라에 도착해 여행을 하는 일은 놀랍도록 신비한 경험이다. 비행기가 케플라비크Keflavík 공항 활주로에 착륙하는 순간부터 피부에 달라붙는 차가운 공기와 공항 앞으로 펼쳐진 낯선 풍광의 자연이 기분 좋게 상쾌함을 선사했다. 자, 이제 무엇이 북극 바로 아래 있는 이 조그만 섬나라 사람들을 세계적으로 유명한 해피 피

플로 만들었는지 파헤쳐 볼 시간이다. 과연 그들은 국가부도 상황에서도 여전히 행복하다고 느낄까. 레이캬비크Reykjavik 시내로 향하는 버스 안에서 내 머릿속은 온갖 궁금증과 기대감으로 가득했다.

생활 정치에 관심이 많은

청년세대

거리에 어두움이 내려앉자 아이슬란드는 꽤 추웠다. 지도를 들고 번지수를 물어가며 목적지를 찾아내는 것도 어느 정도 익숙해졌다 싶었지만, 20kg이 넘는 백팩을 짊어진 채 낯설고 추운 동네를 누비며 누군가의 집을 찾는 건 여전히 쉬운 일이 아니었다. 더 늦기 전에 잠자리를 내어주기로 한 오스카의 집을 찾아야 했다. 골목을 한참 헤매다 한 번 지나친 적이 있었던 붉은색 문 앞으로 돌아와 조심스럽게 노크를 했다. 잠시 뒤, 노란색 턱수염이 코 아래 얼굴을 가득 덮은 청년이 문을 열고 나왔다.

"아, 오스카? 오스카는 안에 있어. 들어와."

오스카의 친구가 낯선 동양의 이방인인 나를 전혀 놀란 기색 없이 자연스럽게 집 안으로 안내했다. 거실에 들어서니 오스카와 그의 친구들은 한껏 들떠서 술과 음악을 즐기고 있는 중이었다. 간단하게 인사를 나눈 뒤, 지친 기색을 숨기고 함께 자리에 앉아 간단히 이야기를 나누기 시작했다.

"자살률 유럽 1위, 이혼률 유럽 1위, 그리고 행복지수 세계 1위! 아이슬란드를 위하여!"

오스카는 친구 개리와 편안해 보이는 천 소파 위에 널브러진 채 손으로 정성스레 만 담배를 입으로 가져간 뒤 한 모금씩 빨았다. 어디에서 기인한 생각인지 모르겠지만, 나는 아이슬란드 사람들이 순수하고 내성적인 성향일거 라는 선입견을 가지고 있었던 것 같다. 이렇게 유쾌한 사람들이 경제 위기를 맞은 아이슬란드의 미래를 짊어지고 있는 청년들이 맞단 말인가. 이들은 대체 어떤 행복을 이야기해줄 수 있을까.

20대 초반의 오스카와 개리는 대학 동창으로 수년째 레이캬비크 시내의 한 아파트에서 함께 살고 있었다. 사실 둘에 대한 내 솔직한 첫 인상은 '망나니 아이슬란더', 그리고, '걱정되는 아이슬란드의 미래'였다. 그럴 만도 한 것이 두 사람은 우울한 노래를 들으며 담배와 술에 찌들어 있는 듯 보였고(아이슬란드 노래들이 원래 우울한 면이 있고, 고립된 지리적 요건과 역사적 사실로 인해서 자연스럽게 발달한 음악 형태라는 것은 나중에 알았다. 아이슬란드를 대표하는 뮤지션 비요크의 음악만 들어봐도 쉽게 알 수 있다), 방에서는 불쾌한 냄새가 났을 뿐 아니라, 언어와 행동도 거침없었다. 하지만 오래지 않아 이들에 대한 내 생각이 섣부른 오해였다는 걸 알게 됐다.

다음 날 일어났을 때 오스카는 집에 없었다. 그날 저녁, 오스카가 돌아와 냉동고에 무언가를 가득 채우다가 막 씻고 나오는 나를 발견하고는 먼저 인사를 건넸다.

"어제 잘 잤어? 우리가 늦게까지 놀아서 불편했지?"
"아니, 괜찮아."

사실은 밤새 시끄러워서 불편했지만 애써 쿨한 척 행동했다.

"어디 다녀온 거야?"
"나? 일하고 왔지. 요즘 게잡이 철이라 새벽부터 나갔다 오는 길이야. 오늘도 엄청 많이 잡았어. 이러다가 나 부자 되는 거 아닌지 몰라. 게가 엄청 비싸거든! 이건 개리가 퇴근하면 요리해줄게."

나를 향해 커다란 게 한 마리를 들어 보였다.

"개리도 일하러 갔어?"
"당연하지. 지금 우린 너처럼 여행하고 있는 게 아니잖아."

오스카는 레이캬비크 인근 해안에서 게잡이 어선 선원으로 일
했고, 개리는 시내 한 카메라숍에서 일한다고 했다. 늦은 시간까지 떠
들썩하게 놀더라도 여느 직장인처럼 다음 날 아침이면 일터로 출근
할 뿐 아니라, 각자의 취미생활도 즐길 줄 아는 청년들이었다. 오스
카의 취미는 파충류 수집(집 안 곳곳에 놓인 투명 박스에는 거북이부터 커
다란 뱀까지 다양한 파충류가 살고 있었다)이고, 개리는 애인과 친구들
에게 해주는 요리가 취미였다. 집 안의 가구와 소품들 또한 두 사람
의 취향에 따라 잘 마련되어 있었다.
　　나중에 알게 되었지만, 이 집에 처음 도착했던 날은 오랜 겨
울이 끝나고 여름이 시작되는, 아이슬란드 사람들이 1년 중 가장 손
꼽아 기다리는 날이었다. 거리의 술집과 레스토랑에 사람들이 모여
들고 밤새 술과 음식을 즐기는 날이라고 했다. 그래서 오스카와 개리
도 한껏 기분을 내고 있던 것이다.
　　두 사람에 대해 알면 알수록 젊은 나이에 각자 확고한 라이프
스타일을 갖고 즐기면서 사는 모습이 그렇게 부러울 수가 없었다. 일
단 대기업에만 취업하면 행복해질 거라 생각하는, 라이프스타일에 대
한 우리나라 사람들의 단순한 논리와는 한참이나 거리가 먼 삶을 살

고 있었다.

인상적이었던 점은 또 있다. 둘은 자주 정치 관련 TV 토론을 보며 아이슬란드 사회에 대해 진지하게 토론을 하곤 했다.

"너희들 스물세 살이라고 했지? 원래 이렇게 정치에 관심이 많아?"

"그럼. 관심 많지."

"우리나라의 젊은이들은 정치에 별로 관심이 없는데."

"그래? 우린 젊은 사람들도 정치에 관심이 많아. 젊은이들 한 명 한 명이 우리가 사는 사회에 큰 변화를 만들어낼 수 있다고 생각하거든. 이제 곧 선거가 다가오는데, 지금 같은 경제 위기를 초래한 집권당이 정권을 유지하도록 절대 놔두진 않을 거야."

생각해보니 그동안 나는 정치에 관심이 없다는 사실에 항상 당당했다. 정치나 정치인들에게 관심을 쏠 겨를이 있다면 그 시간에 내가 하고 싶은 일에 시간을 더 투자하는 게 낫다고 생각했고 심지어 그게 옳다고 여겼다. 대신 나만의 방식으로 사회에 일조할 수 있다면 그걸로 충분하다고 생각하며 살아온 터라 정치에 관심을 갖는 이 친구들의 모습이 꽤나 놀라웠다.

"병주, 너는 정치에 관심이 없어?"

"응, 별로."

"특이하네. 행복이 궁금해서 이렇게 여행까지 다니는데?"

"정치에 관심을 갖는다고 해서 바뀌는 건 많지 않다고 생각했던 것 같아. 오히려 지금 하는 일 같이 다른 방법을 찾고 있는 걸 수도 있고."

"우리 같이 젊은 사람들이 사회에 적극적으로 참여하지 않으면 미래는 불안할 수밖에 없어. 우리나라를 봐. 경제 위기를 맞아서 심각한 상황이잖아. 하지만 모두가 직면한 현실을 회피하지 않고 노력하고 있으니까 잘 이겨낼 거란 분명한 믿음이 있어. 우리가 살아갈 사회니까 우리가 신경 써야지 누가 신경 써주겠어."

그들은 나보다 어렸지만, 한참 형 같은 생각과 행동을 하고 있었다. 각자 원하는 삶이 확고했고 사회에 대해 진지한 관심을 갖는 과정을 통해 그들은 현재의 행복을 지키고, 앞으로의 행복도 준비해나가고 있었다. 물론, 오스카와 개리가 아이슬란드의 모든 청년들의 삶을 대변하진 않을 것이다. 실제로 레이캬비크의 거리와 대학교에서 만난 청년들 중 일부는 당시의 현실을 소극적이고 비관적으로 바라보기도 했으니까.

하지만 나라에 대한 주인의식과 자부심을 바탕으로 원하는 삶을 지키려는 오스카와 개리를 보며, 위기에 처한 아이슬란드의 미래가 오히려 밝아 보이기까지 했다. 처음 그들의 집에서 맡았던 조금은 불쾌했던 생선냄새와는 달리, 이 두 사람에게서는 젊은이들만이 가질 수 있는 진짜 멋진 향기가 진동하는 것 같았다.

부정적인 상황에서도

긍정을 잃지 않는 태도

여러 사람들을 만나고 함께 시간을 보내면서 레이캬비크에서의 여정도 안정을 찾아갔다. 저렴한 마트와 편의점의 위치도 잘 알아두었고, 지도를 이리저리 노려봐도 헷갈리기만 하던 시내의 지리도 슬슬 익숙해지면서 동선과 계획을 짜는 것도 한결 수월해졌다.

아이슬란드 사람들이 그토록 기다리던 여름이 이제 막 시작되었다는데, 시끌벅적했던 첫날 이후 레이캬비크에는 (조금 역설적으로) 조용하고 자연스러운 일상이 이어졌다. 혹독한 겨울을 경험하지 못한 나 같은 이방인이 그 변화를 알 수 있을 만큼의 표시는 그 어디에도 없었다. 다만 아이슬란드라는 나라를 공부하며 그곳의 심각한 경제 위기에 대한 최근 기사를 계속 접해서였을까. 여름이지만 아직 차가운 공기를 헤치며 이리저리 걸어가는 사람들의 표정이 괜히 더 건조하고 어둡게 느껴졌다.

2008년 10월, 아이슬란드는 리먼 브라더스 발 세계 경제 위기 속에서 유럽국가들 중 가장 먼저 국가부도를 선언하고 IMF에 구제금융을 신청했다. 한동안 누구도 부럽지 않을 만큼의 풍요로움을 누리고 살았던 국민들은 심각한 경제 위기 탓에 큰 고민에 빠졌다. 당시 국가 부채가 GDP의 11배에 달했으니 상황이 심각했다. 화폐 가치가 80%까지 떨어지고 주가는 77%나 떨어졌다. 물가는 한 해에만 20%가 올랐다. 국가의 부도사태가 개인의 삶에 얼마나 심각한 영향을 미칠지는 수치로만 봐도 끔찍했다.

이런 경제상황을 지켜보던 중 세대 간 재미있는 차이가 내 눈에 포착됐다. 아이슬란드가 풍요로워지기 전 가난했던 시절과 수차례의 전쟁을 경험한 어른 세대는 큰 불안감에 휩싸여 있었다. 반면 레이캬비크 거리와 대학교에서 만난 젊은이들의 태도와 생각은 어른 세대의 그것과는 달리 긍정적이었던 것이다. (이곳 어른들이) 1980년대 이후 태어나 급격한 경제성장 덕에 배고픔을 모르고 자라왔기 때문에 최근 경제 위기에 더 큰 어려움을 겪을 것이라고 걱정하는 바로 그 젊은 세대 말이다.

바깥 공기는 아직 찼지만 오후의 햇살이 꽤 포근했던 어느 날, 나는 아이슬란드 대학에서 역사학 교수님 한 분과 경제학 교수님 한 분을 만나 인터뷰하기로 미리 약속을 잡아두었다. 그 전에 대학생들을 붙잡고 이야기를 나눠볼 요량으로 좀 더 일찍 길을 나섰다.

아이슬란드 대학은 덴마크 지배하에 있던 1911년에 설립된 국립대학으로, 현재 약 1만 3천여 명 이상의 학생들이 공부를 하고 있다. 도시에 위치해 있지만 학교 주변에는 높은 빌딩이 없고, 평지에 세워진 터라 각각의 건물 뒤로는 드넓은 하늘이 멋지게 펼쳐져 있었다. 덕분에 캠퍼스의 건물들은 더 현대적이고 웅장하게 보였다.

경제학과가 있는 건물로 들어서자 1층 로비 휴게공간에서 많은 학생들이 공부하고 있었다. 카메라를 들고 여기저기 기웃대다가 눈이 마주치는 학생들에게 다가가 행복에 대한 질문을 건넸다. 학생들은 수줍음이 많았지만, 대부분 능숙한 영어로 자신의 생각을 이야기했다. 경제학을 공부하고 있다는 스물두 살의 아론은 아이슬란드가 세계에서 제일 행복한 나라 중 한 곳으로 뽑혔다는 내 이야기를 듣고 깜짝 놀랐다.

"정말이야? 몰랐어! 근데 그런 생각을 해본 적은 있어. 아마 우리나라 사람들이 세상에서 제일 행복할 것 같다는 생각 말이야."

"그래? 어떻게 그런 생각을 하게 됐는데?"

"아이슬란드에는 자유가 많거든. 하고 싶은 일을 할 수 있는 기회도 있고, 임금도 높지!"

"너는 행복해?"

"응! 나도 행복해!"

"너를 가장 행복하게 하는 건 뭔데?"

"여자친구, 가족, 일…… 생각해보면 많지!"

"뭔가 물질적인 얘기는 없네?"

"응, 내 행복에 영향을 미칠 순 있겠지만, 절대적으로 중요한 건 아니니까."

"그럼 지금 걱정하고 있는 게 있어?"

"나라 경제, 그리고 이 나라에 훌륭한 정치인이 부족하다는 거? 하지만 우린 결국 잘 이겨낼 거야."

당시 내가 만난 거의 대부분의 젊은 친구들은 국가부도라는 극단의 경제 위기 속에서 당장의 금전적인 문제나 취업에 대한 여러 불안을 가지고 있었다. 반면 개인과 사회의 미래를 바라보는 시각은 공통적으로 긍정적이고 낙관적이었다. 혹시 내가 이방인이라서 스스로의 감정을 숨기는 건 아닐까, 아니면 부족함 없이 행복하게 자라온 젊은이들이 자국의 힘든 상황을 낯선 동양인에게 공유하고 싶지 않은 것일까, 하는 생각이 들 정도로 행복에 대한 질문에 'YES'로 일관했다.

한편, 앞서 찾아간 세 나라와 달리 물질적인 기본 인프라가 보장되는 사회인 아이슬란드의 학생들이 예상과 달리 돈과 행복을 연결하는 개념에 대해 하나같이 부정적이었다는 것도 대단히 흥미로웠다. 그들은 돈의 필요성은 인정하지만, 스스로를 행복하게 하는 건 절대 물질적인 것이 아니라고 단호하게 이야기했다.

아이슬란드에서 지내는 동안 만난 사람들이나 인터뷰했던 교수들도 어린 시절부터 '아이슬란드에 만연한 물질주의'에 익숙해져 있을 것이라고 생각했던 젊은이들이 물질적인 것을 행복과 연결시키지 않는다는 점을 듣고 상당히 놀라워했다. 젊은이들의 물질에 대한 이런 태도는 이곳 아이슬란드 대학 뿐만 아니라 레이캬비크 시내 곳곳에서 만난 다양한 나이와 직업을 가진 젊은이들에게서도 나타났다.

구체적인 상황은 다르지만, 문득 우리의 상황과 처지 또한 여러 가지 면에서 이들과 비슷하다는 생각이 들었다. 악화되는 경제 상황과 불안한 고용, 그리고 세대 간 생각의 차이까지 말이다. 하지만 대한민국의 거리에서 젊은 친구들을 붙잡고 아이슬란드 젊은이들에게 했던 동일한 질문을 던진다면, 과연 어떤 대답을 들을 수 있을까 하는 생각에 이르자 조금 씁쓸해졌다.

지금 당장은 상황이 좋더라도 경제적으로나, 정치적으로나, 사회적으로나 언제든 부정적이고 불안한 환경을 다시 맞닥뜨릴 수 있다. 아이슬란드를 방문하고 궁금해진 것은 동일하게 부정적인 환경과 상황을 만났을 때, 서로 다른 태도를 만들어내는 요인이 과연 무엇인가이다. 비슷한 상황을 경험하지만 전혀 다른 해석과 반응이 나타나는 건 결국 그것을 해석하는, 개인에게 내재된 필터가 다르기 때문이 아닐까.

우리도 아이슬란드의 젊은이들처럼 부정적인 상황에서 긍정적으로 필터링할 수 있을까. 개개인이 올바르게 작동하는 필터를 가져야만, 사회가 잘못된 상황에 놓이거나, 혹 잘못된 길로 들어섰다 하더라도 다시 올바른 방향으로 이끌어갈 원동력을 만들어낼 수 있는 것이다.

아이슬란드 대학 역사학 교수 할돌 베르나손은 인터뷰 도중 '국가적 위기가 장기화되면 이곳 사람들도 불행해질까' 하는 나의 부정적 질문에 이렇게 대답했다.

"아니요. 우리는 분명 몇 년 안에 이 위기를 벗어날 것이라고 생각합니다. 그리고 지금의 상황도 분명 좋았던 시기로 남을 것이고요. 어쩌면 국가의 가치를 재건할 기회이고, 무엇이 진정한 삶의 가치인지 돌아볼 수 있는 시간이 될 것입니다. 진정한 삶의 가치는 돈이 아니고 그들의 친구, 가족, 사회라는 것 말입니다."

베르나손 교수의 말대로 아이슬란드는 정말 빠른 시간 안에 국가부도 사태를 수습했다. 국민들이 주축이 되어, 그것도 아주 훌륭하게 말이다. 현재 아이슬란드의 1인당 GDP는 7만 3,191달러(통계청, 2018년 기준)로 세계 5위이고, 이는 자그마치 우리나라의 2배를 훌쩍 넘는 수준이다. 행복지수 역시 완벽하게 회복되어, UN에서 2019년 발표한 세계행복지수에서 아이슬란드는 덴마크, 스위스에 이어 3위에 올랐을 뿐 아니라, 다수의 행복 차트에서 항상 상위권을 차지하는 행복 모범국가가 되었다.

세계에서 가장 오랜 의회 민주주의의 뿌리가 있는 나라답게 세대를 막론하고 국가의 중요한 문제에 직접 동참하고 행동하는 사람들. 국가에 대한 자부심으로 벼랑 끝에서도 희망의 끈을 놓지 않는 사람들. 아이슬란드가 국가적 위기를 잘 극복하고 다시 객관적 행복을 회복한, 어쩌면 조금 뻔해 보이는 이유들이 대한민국에서 살아가는 나에게는 너무도 어렵게 느껴진다는 사실 때문에 조금은 슬프다.

타인과의 비교가

중요하지 않은 삶

여행을 하다 보면 다양한 국적, 나이, 사연을 가진 친구들을 수도 없이 만난다. 아이슬란드 사람은 아니지만 꼭 소개하고 싶은 친구 한 명을 아이슬란드에서 만났다. 케이티 사바스타노. 말끝을 늘이며 아주 매력적으로 이야기하는 습관이 있는 이 친구는 스물여섯 살의 미국 여성이다. 그녀 역시 레이캬비크에서 내게 잠자리로 자신의 소파를 흔쾌히 내어준 고마운 친구 중 한 명이다. 비록 아이슬란드에서는 짧은 시간 함께 보낸 인연이지만, 덴마크에서 극적으로 재회하기도 했고, 각자의 나라로 돌아가 지금까지 꾸준히 연락을 유지하며 좋은 친구로 지내고 있다.

케이티의 집은 레이캬비크 시내에서도 가장 중심에 위치한 라우가베구르Laugavegur 거리 한복판에 있었다. 이 거리는 초입부터 양쪽으로 고급 상점과 식당, 카페들이 쭉 늘어서 있는 레이캬비크 내 가장 큰 번화가다. 어딘가 고급스러워 보이는 상점들을 따라 걷다 보면 왼편에 갑자기 토끼굴처럼 생뚱맞은 하얀색 통로가 하나 나온다. 그 통로로 들어가면 상점 뒤편으로 3층짜리 오래된 아파트가 있는데 케이티는 그 아파트 2층에 살았다. 그녀가 처음에 어떤 생각으로 나를 게스트로 받아줬는지 모르겠지만, 그녀의 호의 덕분에 아이슬란드를 바라보는 새로운 관점과 내 인생의 소중한 친구 한 명을 얻게 되었다.

미국 유진Eugene이라는 도시에서 온 케이티는 엘리라는 친구와 룸을 셰어하며 지내고 있었다. 엘리는 스위스에서 왔다고 했는데, 짙은 오렌지 빛 머리색과 얼굴에 주근깨가 송송 박혀 있는 것이 영락없는 삐삐여서 처음 만났을 때 엄청 신기했던 기억이 난다. 미국과 스위스, 사회적으로 꽤나 안정된 국가에서 온 두 사람이지만, 아이슬란드에서는 철저하게 이방인 신세로 지내고 있었다. 케이티는 기약 없이 아름답고 평화로운 레이캬비크에서 정착해보기 위해 여러 가지 일을 시도하다가 당시에는 베이비시터 일을 하고 있었다.

하루는 한창 일하고 있어야 할 오후 시간에 라우가베구르 거리에서 쇼핑 중인 두 사람을 마주쳤다.

"어? 케이티, 엘리!"

"병주! 아직 아이슬란드에 있구나! 잘 지내?"

"응! 너희는? 근데 이 시간에 웬일이야?"

"아, 일 안 하게 됐어."

케이티가 먼저 대답했다.

"갑자기 왜? 그럼 엘리는?"

"풉. 나는 안 한 지 좀 더 됐는데?"

"그래? 하하."

조금 불편한 질문이었을까 하는 생각에 일단 웃어 보이고
는 조심스럽게 그 이유를 물었다. 최근까지 두 사람은 베이비시터
를 하며 돈을 벌어 생활하고 있었는데, 모두 그 주에 직장을 잃었다
고 했다. 이제 막 아이슬란드에 도착한 나는 쉽게 느끼기 어려웠지
만, 그녀들에게 들어 알게 된 아이슬란드 사람들은 이방인에게 꽤
나 폐쇄적인 듯했다. 생각해보면 아이슬란드 대학 경제학과 소롤 리
마티아손 교수도 인터뷰에서 아이슬란드인의 행복을 이야기하며 비
슷한 이야기를 했었다.

"우리는 섬에 사는 사람들입니다. 외부의 상황에 제대로 대
응할 줄 모르죠. 심지어 아일랜드나 영국처럼 가까운 나라들까지

도요. 우리는 이웃나라가 무엇을 하는지 크게 관심을 두지 않습니다. 다른 유럽국가의 사람들이 옆 나라의 상황을 궁금해하는 것과는 전혀 다르죠. 당신이 온 아시아에서는 삶의 질을 일본과 비교하려는 경향이 있다고 들었습니다. 하지만 우리는 스스로 우리를 평가하고 측정하려는 경향이 있어요. 정답은 아닐지 몰라도, 아이슬란드인들은 다른 국가나 사람들에게 신경을 덜 쓰고 자신에게 더 집중하면서 변화해가요. 그래서 행복한 게 아닐까 싶습니다."

리마티아손 교수는 이방인에게 폐쇄적이고 스스로에게 집중하는 아이슬란드인들의 성향에 대해 행복의 조건 중 하나로 오히려 긍정적인 평가를 내리고 있었다. 그 '긍정적인' 성향으로 인해 이방인들이 맞닥뜨리는 '부정적인' 상황들에 대한 코멘트는 따로 없었던 걸 보니 리마티아손 교수 역시 아이슬란드인이긴 한가 보다.

아무튼 성격 좋은 두 사람, 케이티와 엘리는 나에게 그랬듯 이 나라 사람들과 가까워지려고 다양하게 노력했고, 새로운 일자리도 여러 차례 구해 보았지만 결과는 언제나 마찬가지였다고 했다. 더 이상 아이슬란드에 아무 미련이 없어 보이기까지 한 둘에게 조심스럽게 물었다.

"그럼 이제 어떻게 할 거야? 다시 일자리 알아보려고?"
"아니, 이제 그만하려고. 엘리도 그만할 생각이래. 아무래도 여기 우리랑 맞지 않나 봐. 그렇지?"

"그래서?"

"돌아가야지. 그 전에 못 다한 여행이나 실컷 하고."

"그래도 괜찮아? 계획이 완전 달라지겠는데?"

"우리? 완전 괜찮아. 어떻게든 되겠지! 하하."

어떻게든 되겠지라니, 정말 괜찮은 건가? 하루는 케이티의 집에서 레이캬비크에 살고 있는 카우치서퍼들의 모임이 있었다. 미국인, 스위스인, 그리스인, 프랑스인, 그리고 한국인까지 모두 다섯 나라에서 아이슬란드로 모여든 20대 젊은이들이었다. 이야기를 나누다 보니 아직 이 나라에 대해 분위기 파악을 제대로 못 한 나를 제외하고는 모두가 그곳에서 녹록치 않은 시간을 보내고 있었다. 처음 케이티 집 소파에 가방을 내려놓을 때만 해도 케이티를 보며 젊은 나이에 이렇게 근사한 나라에 와서 지낸다는 게 마냥 좋아 보이고 부럽기만 했다. 그러나 이방인들의 삶을 조금 들여다 보니 처음 가졌던 생각을 도로 집어넣게 됐다.

그래도 이 친구들은 자신들이 처한 현재의 상황을 그리 심각하게 받아들이지 않는 것처럼 보였다. 물론 그 상황 때문에 울고불고 고민할 필요까지는 없겠지만, 그들은 오히려 한 순간 한 순간을 제대로 즐길 줄 알았고 행복해 보였다.

저녁식사를 마치고 거실의 커다란 테이블에 둘러앉아서 이야기를 나누고 있을 때 케이티가 책 한 권을 들고 나왔다. 생일로 사람의 성격을 분류해놓은 책이었는데, 혈액형이나 좋아하는 색에 따라서 성격 유형을 분류하는 부류의 책이었다. 한 명씩 돌아가며 생일을 말했고, 케이티는 책에서 분류된 성격의 특징을 이야기해줬는데, 그것만으로도 서로 웃고 박장대소하며 즐거워했다.

나는 실패가 두렵다. 실패하면 불행할까 봐. 나는 일단 시작한 일이 잘 안 되면 그게 내 모습 중 일부가 될 수 있다는 사실에 늘 마음이 무거워진다. 케이티를 비롯해 그날 모인 친구들 역시 각자의 삶도, 아이슬란드까지 오게 된 계기도, 현재를 살아가는 모든 순간의 결정들도 마찬가지로 엄청난 도전이고 삶의 연속이었을 것이다. 결코 나의 삶만 무겁고, 중요하고, 도전인 건 아닐 것이다. 하지만 그들이 삶을 마주하는 태도는 달랐다.

사실 나는 지금도 두렵다. 이 프로젝트가 실패할까 두렵고, 누군가를 실망시키게 될까 두렵고, 내가 행복한 사람이 되지 못할까 두렵다. 하지만 반드시 좋은 결과와 만족스러운 삶의 연속만이 행복의 조건이 될 수 없다는 사실은, 케이티와 아이슬란드에서 만난 젊은 이들의 모습을 만나고 확실히 깨달았다. 우리는 스스로 결정하고 최선을 다한 삶의 결과들에 조금 더 당당해질 필요가 있다. 내가 바라는 최고의 삶이 아니더라도 조금 미숙한 내 모습을 아끼고 사랑할 준비가 꼭 필요하다. 그러면 조금은 더 쉽게, 그리고 자주 행복해하는 스스로를 발견할 수 있을 것이다.

그동안 여라 나라를 돌아다니며 다양한 사람들을 만났다. 그리고 자연스럽게 깨닫게 된 점이 있다. 절대 우리의 현재만 힘든 게 아니고, 우리의 과거만 아팠던 것이 아니라는 것이다. 중요한 것은 그 상황을 어떻게 받아들이고 대처하느냐이다. 프로젝트를 본격적으로 시작하기 전 뉴욕에서 로버트 H. 프랭크 교수와 소득과 행복의 상관관계에 대해 인터뷰를 했었다. 나는 '국가부도가 아이슬란드 사람들을 당연히 불행하게 만들지 않을까' 하는 질문을 했고, 그도 그 부분을 부정하지는 않았다.

"만약 소득이 줄어 이로 인해 소비량이 줄면 사람들은 아마도 그 상황 안에서 더 행복하다고는 판단하지 않을 것입니다. 지금 아이슬란드가 그런 상황에 처해 있죠. 아이슬란드는 지난 해에 소득이 많이 줄었습니다. 이에 따라 소비량도 많이 줄었을 것이고요. 아마도 아이슬란드 사람들은 과거 몇 년과 비교했을 때 분명 덜 행복한 상황일 것입니다. 하지만 그들의 상황은 회복될 겁니다. 사람들은 상황에 적응을 할 것이고, 줄어든 소득 또한 다시 늘기 시작하겠죠. 그리고 점진적으로 기존의 행복지수를 회복하게 될 것입니다."

실제로 아이슬란드 사람들은 국가부도라는 최악의 상황 속에서도 남들의 시선에 신경 쓰지 않고 자신의 상황에 집중하며, 스스로 환경을 바꿔려는 의지가 매우 강했다. 그런 이들의 모습을 보면서 그동안 대한민국에서 내가 해야 할 기본적인 의무는 다하지 않은 채, 온갖 핑계만 대며 스스로 맞서야 하는 현실을 외면하고 있었는지도 모르겠다는 생각이 들었다.

탄성이 절로 나오는 아이슬란드의 자연에 감탄하며 레이캬비크 시내로 들어오던 첫날만 해도 이곳의 젊은이와 나를 직접 비교하며 아이슬란드를 떠나게 될 줄은 꿈에도 몰랐다. 아주 먼 역사를 들추지 않더라도 일제 식민지 시대나 군사정부 시절, 혹독했던 민주화 과정, 전쟁과 급격한 경제 성장으로 인한 엄청난 성장통, 끝나지 않는 북한의 위협, IMF 외환위기 등 생각해보면 대한민국은 전 세계 어느 나라보다도 수없이 많은 어려운 상황들에 맞서 견뎌내고 이겨내며 현재를 일궈냈다. 그것은 내가 아니라 할아버지의 할아버지 세대부터 아버지 세대들이 피와 땀으로 만들어주신 결과물이다. 나는 단지 그 과정들을 책으로 읽고, 그들이 남겨준 위대한 결과물들을 한껏 누리며 살고 있을 뿐이다. 그런 우리가 행복하지 못할 이유는 없다.

한 가지 확실한 건 윗세대들은 국가의 큰 목표를 향한 공동체 의식과 적극적인 실천력, 그리고 나아가 순결한 희생까지도 마다하지 않았다는 것이다. 당시에 그들은 그런 노력과 희생이 개인과 가족, 그리고 후대의 행복한 삶으로 연결될 수 있을 거라는 확신이 있었던 걸까. 당장 심각한 경제 위기에 봉착한 아이슬란드를, 그보다 앞서 행복하지 못한 대한민국의 현실을 걱정하는 척 했지만, 정작 시급하게 걱정해야 할 것은 어느덧 우리나라의 현재를 만들고 미래를 일궈나가야 하는 세대가 되어버린 나의 못난 자세와 사고방식일지도 모른다.

최근 복잡한 대한민국 정세를 보며 아버지가 탄식하듯 내뱉으시던 말씀이 유난히 귀에 걸린다.

"한 나라가 변하려면 나이든 사람들이 아무리 난리쳐도 소용이 없어. 결국 젊은이들과 학생들이 움직여야 하는데, 우리나라 젊은이들은 움직일 생각이 없는 것 같구나."

아론Aron | 22세, 남, 대학생

#INTERVIEW_ Common questions

Q 소개 부탁해요
스물두 살이고, 아이슬란드 대학에서 경영과 경제를 공부하고 있어요.

Q 당신은 행복한가요?
행복해요! 나를 여러모로 지원해주는 훌륭한 가족이 있으니까요. 그리고 이
곳 아이슬란드에는 기회가 많아서 편안하고 좋아요.

Q 지금 걱정하는 게 있나요?
아이슬란드에서 전공에 맞는 직업을 구하지 못하는 것이요. 그다지 낙관적
으로 보지는 않지만, 정치인들이 이런 상황을 바로잡아주면 좋겠어요.

Q 아이슬란드가 세계에서 가장 행복한 나라 중 한 곳이라는 것 알고 있나요?
아니, 몰랐어요! 하지만 그런 생각을 하긴 했어요. 우리나라 사람들이 세상
에서 제일 행복할 것 같다고.

Q 그래요? 왜 그런 생각을 하게 됐어요?
글쎄요. 나도 정확한 이유는 모르겠어요. 하지만 자유가 있는 나라고, 인구
는 적고, 세금도 낮고, 임금은 높아요. 지금은 경제 위기에 처해 있지만, 우
리는 여전히 편안함을 느끼고 행복함을 느끼는 것 같아요.

Q 인생의 목표를 말해주세요
경력을 잘 쌓아서 내 사업을 시작하고 싶어요. 여기 아이슬란드에서요.

길 위에서 만난 사람들

아이슬란드

텔마Telma | 22세, 여, 편의점 아르바이트생

Q   어떤 일을 하세요?
　　낮에는 뷰티스쿨에 다니고, 저녁에는 편의점에서 일하고 있어요.

Q   아이슬란드가 세계에서 가장 행복한 나라 중 한 곳이라는 것 알고 있나요?
　　저도 그렇게 생각해요! 그게 일종의 스트레스이기도 한데, 대체로 행복하지요.

Q   대체로? 그럼 뭐가 아이슬란드 사람들을 행복하게 할까요?
　　여름이요. 드디어 여름이 왔어요! 그리고 월급 받을 때? 그리고 친구들? 우
　　린 개방적인 사람들이라 같이 이야기하고 서로 알아가는 것을 좋아하거든요.

Q   당신은 행복해요?
　　꽤 그런 것 같아요.

Q   하는 일은 만족해요?
　　네, 엄청 만족해요. 너무 오래 일했는지 모르겠지만, 벌써 4년 정도 됐어
　　요. 사람들도 많이 알게 되고 여러 가지 좋은 점이 많아요.

Q   당신을 가장 행복하게 하는 건 뭔데요?
　　사랑?

Q   인생의 목표를 말해주세요
　　가정을 꾸리는 것이요. 그리고 뷰티숍을 열어서 언젠가는 저도 고용주가 되
　　는거 랄까요? (웃음)

길 위에서 만난 사람들

아이슬란드

카트린Katrin | 26세, 여, 주부

#INTERVIEW_ Common questions

Q 아이슬란드가 세계에서 가장 행복한 나라 중 한 곳이라는 거 알고 있나요?
알고 있어요!

Q 당신 생각에도 아이슬란드 사람들이 실제로 행복해요?
물론 행복하지 않은 사람들도 있겠지만, 맞아요. 대체로 매우 행복하죠!

Q 당신은 행복한가요?
언제나 행복하죠. 여기 우리 아들, 이 조그만 녀석이 나를 보며 웃어주잖아
요. (웃음) 그리고 우리나라, 사람들, 자연이 나를 행복하게 하는 것 같아요.

Q 돈이나 좋은 집 같은 물질적인 요소가 당신에게 의미하는 건 뭔가요?
나는 그런 거 별로예요. 우리나라에도 큰 평면 TV나 좋은 차, 비싼 컴퓨터
만 좋아하는 사람들이 있지만, 나에게는 별로 중요하지 않아요.

Q 아이슬란드가 경제적으로 힘들다고 들었는데, 그런 상황이 당신의 행복
을 방해하지는 않나요?
그건 사실이에요. 하지만 우리는 좀 더 밝은 면에 집중할 필요가 있어요.

Q 인생의 목표를 말해주세요
멋진 남편과 사랑하는 아이들이랑 멋진 가정을 꾸리는 거요! 완벽할 거예요!

길 위에서 만난 사람들

아이슬란드

요한Johann | 25세, 남, 회사원

#INTERVIEW_ Common questions

Q **당신은 행복한가요?**
행복해요.

Q **아이슬란드가 세계에서 가장 행복한 나라 중 한 곳이라는 것 알고 있나요?**
네, 대부분 행복하다고 봐요. 겨울 시즌이랑 몇몇 사람들은 우울해하기도 하겠지만요.

Q **무엇이 당신을 행복하게 하나요?**
만족스런 직장에 다니고, 저를 행복하게 만드는 꿈을 좇고 있으니까요!

Q **꿈이 뭔데요? 단기적인 건가요, 아니면 장기적인 건가요?**
꿈을 좇고 있지만, 사실 꿈은 항상 변하는 거예요. 9월에 남아프리카를 여행하려고 해요. 제겐 꽤 장기적인 꿈이죠. 1년 정도 머무르면서 새로운 무언가를 알아가고 싶어요. 자유롭게 말이에요.

Q **돈이나 좋은 집 같은 물질적인 요소가 당신에게 의미하는 건 뭔가요?**
전 물질적인 것이 별로 의미 없다고 봐요. 대부분의 행복은 월급 정도로도 충분히 찾을 수 있으니까요. 제가 좋아하는 게 무엇이든 그걸 하는 게 중요하죠. 물질적인 건 항상 사람들을 타락시킬 뿐이에요.

Q **인생의 목표를 말해주세요**
글쎄요. 계속 살아남아서 행복을 찾아내는 것이랄까요.

완성된 행복의 모델을 꿈꾸며

덴마크
Denmark

세계행복보고서 World Happiness Report	2016년 1위 2017년 2위 2018년 3위 2019년 2위
행복에 관한 세계 데이터베이스 World Database Of Happines	2010년 2위 2011년 2위 2017년 2위
더나은삶지수 Better Life Index	2012년 1위 2013년 7위

행복의 금수저들이

사는 나라

행복을 논하게 된다면 그야말로 기승전 덴마크 아니겠는가. 우리나라도 다양한 매체에서 수없이 소개해 이미 많은 사람들이 알고 있겠지만, 덴마크는 매년 행복한 나라를 조사하는 다수의 연구 결과에서 단골로 1위를 차지하는 나라이기 때문이다. 이 연구 결과들이 모두 사실이라면, 덴마크에서 태어나고 살아간다는 사실만으로도 행복에 관해서만큼은 '금수저'라고 불릴 자격이 있을 것 같다.

인터넷과 매체를 통해 접하는 덴마크의 모습만 보면, 이 나라에 가서 살면 그 누구라도 아주 간단히 행복을 쟁취할 수 있을 것만 같다. 그래서 이번 프로젝트를 진행하면서 도저히 가보지 않을 수 없었던 곳이고, 행복이라는 손에 잡히지 않는 무언가를 찾아 떠났던 내 모든 여정에 대한 정답이 이곳에 있을 거란 기대가 출발 전부터 가장 컸던 곳이다.

하지만 도착하기도 전에 김칫국부터 마시지는 않기로 했다. 그 이유는 비슷한 기대를 갖고 찾아갔던 영국의 슬라우Slough에서 적잖이 실망했기 때문이다. 런던 서쪽 외곽에 자리한 슬라우는 원래 영국 내에서도 소문난 우범지역이었다. 동시에 BBC에서 진행한 마을 갱생 프로젝트 결과, 주민들이 행복한 삶을 살게 되었다며 유명세를 탄 지역이기도 하다. 이 프로젝트를 한국에서 책으로 접하고 상당히 감동을 받았던 나는 영국에서의 길지 않은 일정 중에 슬라우 방문을 가장 중요하게 생각했다. 그래서 영국에서는 옥스포드에서의 아이오프너 대표 제시카와의 인터뷰 일정을 제외하고는 전부 슬라우에서 보낼 작정이었다.

슬라우에서 만난 거의 모든 주민들은 현재의 행복 상태를 묻는 나의 질문에 하나같이 행복하지 않다고 대답했다. 여전히 범죄가 들끓고 있었으며, 주민들의 표정이나 분위기를 직접 마주한다면 그 누구도 슬라우를 행복한 마을이라고 부르긴 쉽지 않아 보였다. 물론 내가 슬라우의 모든 주민들과 이야기를 나눈 것은 아니지만, 책에 소개됐던 것과 실제 눈으로 보았던 것 사이의 간극이 컸던 건 사실이다.

수많은 기사와 자료들로 미루어볼 때 덴마크는 행복의 모범 국가임이 분명하다. 하지만 이 책의 앞에서 이야기했던 데이터의 측정기준에 대한 이야기를 떠올려보라. 바누아투와 코스타리카를 세계 최고의 행복한 나라로 인정했던 HPI 보고서에 의하면, 세계 최고의 행복국가로 불리는 덴마크는 약 10여 년간 행복 순위 100위 언저리에 위치한 처참히 불행한 국가일 뿐이다. 2016년도에 갑자기 32위로 기록되기 전까지는 말이다.

게다가 덴마크의 이혼율은 최근 46%를 넘어섰을 뿐 아니라 (결혼한 두 커플 중 한 커플은 이혼한다는 뜻이다), 2014년 EU 기본권 위원회의 보고서에 의하면 덴마크는 유럽에서 성범죄율이 가장 높은 국가 중 하나다. 실제로 2009년에 비해 10년 동안 성범죄와 성폭력은 각각 177%와 224% 증가했다. 또한 덴마크인들의 우울증약 복용률은 세계 1위이고, 스스로가 불행하다고 생각해 항우울제를 복용하는 미성년자의 숫자 역시 빠른 속도로 증가하고 있다.

이쯤 되니 머리가 조금 복잡해진다. 덴마크가 정말 세계에서 가장 행복한 게 맞을까. 다시 한 번 강조하지만, 국가별 행복순위는 결과 그 자체가 중요한 것이 아니다. 그래서 우리는 단순히 결과만 확인하고 온갖 부러움과 함께 돌아설 게 아니라, 그 결과가 도출된 이유에 관심을 가져볼 필요가 있다. 덴마크 사람들의 삶을 풍요롭게 만드는 복지 시스템과 독보적인 교육방식, 그리고 휘게hygge와 같은 여유로운 삶의 방식 등 그동안 알고 있던 부러운 모습 뒤에는 간과했던 어려움도 분명 존재한다.

그렇다면 행복의 금수저, 덴마크 사람들은 정말로 행복할까. 만약 행복하다면, 무엇이 이들을 행복으로 이끌고 있을까. 서두가 길었다. 이곳 행복의 나라 덴마크에 도착했으니, 이제 이들의 진짜 삶을 옆에서 바라보며 차근차근 그들이 행복한 이유를 생각해보고자 한다. 제발, 그리고 부디, 슬라우 마을에서와 같은 실망은 하지 않아도 되길 바랐다.

세금이 내려준

축복

북유럽의 우수한 복지정책에 대해서는 워낙 많이 소개가 되어 우리 나라 사람들도 이에 대한 인식이 굉장히 높다. 특히나 덴마크는 잘 정 착된 사회복지 시스템으로 유명하다. 그러나 잊지 말아야 할 것이 그 만큼 덴마크는 세금을 많이 내는 것으로도 유명하다는 것이다.

덴마크를 이야기하면서 내가 가장 먼저 꺼내고 싶은 말도 세 금이다. 당시 덴마크에서는 수입이 있는 국민이라면 누구나 국가 에 세금을 내야 하는데, 최저 30%에서 평균 45%, 최고 63%까지도 세금으로 내고 있었다. 나라가 도대체 국민들에게 무엇을 얼마나 돌려줄 수 있기에 그 많은 세금을 걷어가는 걸까. 그렇게 무자비하게 세금을 걷어가는 국가에 불만은 없을까.

덴마크에 머무는 동안 사람들을 만나면서 빼놓지 않고 물어봤던 질문이 한 가지 있다.

"그래서, 세금은 얼마나 내세요?"

수입의 차이로 각자가 내는 세금의 차이도 있었지만, 듣던 대로 덴마크인들은 정말 많은 돈을 세금으로 내고 있었다. 재미있는 점은 사람들이 자신의 수입의 몇 퍼센트를 세금으로 내고 있는지 모두 정확히 알고 있다는 것이었다. 원래 다른 나라 사람들은 그렇게 자신의 수입에서 세금이 차지하는 비율을 정확히 알고 있는 걸까? 놀라웠다. 더 흥미로운 점은, 대부분 그렇게 많이 세금을 낸다는 사실에 억울해하기는커녕 오히려 자랑스럽게 생각한다는 점이다(물론 모든 덴마크인의 생각으로 일반화할 생각은 없다. 세금 정책에 부정적인 사람들도 존재했으니까). 만약 대한민국에서 개인에게 전체 수입의 45%를 세금으로 내라고 한다면 어떤 상황이 벌어질까.

덴마크 사람들의 이러한 정서는 국가의 사상이나 발달 과정과 무관하지 않다. 덴마크는 오랫동안 사회주의의 영향을 강하게 받은 국가이고, 그걸 자랑스럽게 여기며 사회를 발전시켜왔다. 그 사실을 눈으로 쉽게 확인할 수 있는 것 중 하나가 바로 도로 위의 자동차다. 워낙 자동차에 관심이 많은 나는 어느 나라에 가든 도로 위에 오가는 자동차들을 구경하는 것이 큰 낙이다. 그런데 덴마크의 수도 코펜하겐Copenhagen 시내에서는 다른 국가들에 비해 유독 비싼 고급차를 보기 힘들었다. 덴마크에서 만난 한 친구가 말하기를, 이것이 바로 아주 잘 사는 이들과 못 사는 이들의 격차가 크지 않은 덴마크, 즉 북유럽식 사회주의의 모습을 단편적으로 보여주는 사례란다 (심각하게 비싼 자동차 구입비용과 유지비용도 한몫한다).

이렇듯 사회주의의 영향으로 덴마크에서는 국가가 모든 국민을 돌봐야 한다는 개념이 깊이 뿌리 박혀 있는 듯하다. 그 결과 그들의 복지 시스템은 반짝반짝 빛이 난다. 가장 눈에 잘 띄는 복지 혜택으로는 역시 무상교육과 무상의료 서비스가 있다. 복지정책에 '무상'이라는 단어만 붙어도 사회적으로 논란이 끊이질 않는 대한민국 땅에서 살아가는 사람으로서 그저 입이 딱 벌어지는 복지제도다. 초등교육부터 대학교육, 심지어 대학원교육까지 무료일 뿐 아니라, 대학생이 되면 공부에 집중할 수 있도록 생활보조금(용돈, 집세)까지 나라가 대부분의 비용을 부담한다. 이 꿈 같은 혜택은 예술이나 의료 분야와 같이 특수한 학과에도 예외 없이 적용된다.

무상의료 서비스는 입이 더 벌어지게 만든다. 덴마크 시내의 한 병원을 방문해 만난 사람들 중에는 암환자부터 인공다리와 어깨수술을 받은 사람까지 다양했는데 모두 국가로부터 무료로 치료를 받고 있었다. 코펜하겐에서 무려 5일간이나 잠자리를 제공해주었던 베릿 씨의 첫째 딸은 어려서부터 희귀병을 지닌 채 살고 있었다. 국가에서 지속적인 의료지원과 건강한 사람들의 2배에 달하는 생활비 지원, 그리고 딸의 교육수준에 맞는 일자리 기회까지 제공했는데, 그 결과 딸은 핸디캡을 지닌 것을 불행이라 생각하지 않고 자기만의 삶을 만족스럽게 누리면서 지냈다.

처음 덴마크의 높은 세금정책에 대한 얘기를 들었을 때 나로서는 바누아투에서만큼 이해하기 어려운 부분이 많았다. 하지만, 덴마크 국민들은 엄청난 세금을 기꺼이 내고 있고, 실제로 그에 상응하는, 불가능해 보이는 복지혜택을 충분히 누리고 있었다. 그들의 삶을 직접 눈으로 하나씩 확인하고 이야기를 듣다 보니, 많은 세금을 내면서도 편안해 보이는 이유가 조금은 이해되는 것 같았다.

앞서 바누아투에서 경험했듯, 기본적인 물질의 충족과 가족이나 친구와의 관계는 행복한 삶을 위해 반드시 필요하다. 그 기본을 넘어서는 순간 다양한 행복의 선택지가 생겨나기 시작하기 때문이다. 다만, 바누아투와 다르게 덴마크는 경제와 문화가 이미 잘 발달한 나라이고, 국민들의 의식수준도 굉장히 높다. 그래서 원초적으로 향유하는 행복 이외에도 각자 다른 사회문화적 욕망의 해결도 행복을 완성하는 매우 중요한 요소가 된다.

덴마크에서는 대부분의 국민이 국가로부터 사회의 구성원으로 살아가는 데 필요한 기본적인 요소를 제공받는다. 덕분에 그만큼 자신이 원하는 분야를 개발하고 집중하며 각자의 삶 속에 존재하는 행복을 찾아낼 기회가 많다. 이 정도면 세금이 덴마크 국민들의 삶에 다양한 축복을 내리고 있다고 해도 과언은 아니지 않을까.

사생활은 지키되,

언제든 마음을 열 줄 아는 사람들

어느 날, 코펜하겐 대학에서 행복에 대한 연구와 강의를 하고 있던 헬레 하니시Helle Harnisch 교수를 만났다. 당시에 그녀는 미국 유학생들에게 덴마크의 행복을 주제로 강의를 진행하고 있었다. 여행을 하면서 행복에 대해 연구하거나 방문한 나라의 정세에 대해 설명해줄 전문가나 교수들을 여럿 만났지만, 개인적인 교류가 있었거나 따로 페이지를 내어 소개하고 싶은 사람은 하니시 교수가 유일하다.

나는 코펜하겐 시내에 위치한 한 쇼핑센터 앞에서 그녀와 그녀로부터 행복에 대해 배우고 있는 미국인 학생들을 만났다. 그날은 5월 1일, 국제 노동자의 날이었는데, 사회민주주의를 표방하는 덴마크에서 이 날은 매우 중요하다. 함께 코펜하겐 중심에 위치한 한 공원으로 이동했는데, 그곳에서는 이미 노동자의 날을 기념하는 축제가 한창이었다. 120년 전통의 기념일을 즐기기 위해 5만여 명이 넘는 시민들이 덴마크 각지에서 몰려들어 공원은 인산인해를 이루고 있었다.

가족과 친구들이 함께 나와 음식을 먹고 끝없이 이어지는 공연을 즐기며 잔디 위에서 해가 질 때까지 여유롭게 시간을 보내고 있었다. 하니시 교수와 미국인 학생들, 그리고 나까지 7~8명 정도 되는 일행도 공원 잔디밭 한 편에 자리를 잡았다. 서로 소개하고 안부를 물으며 편하게 시작한 대화는 자연스럽게 덴마크 국민들의 행복에 대한 이야기로 넘어갔다. 재미있던 이야기 중 하나가 덴마크 사람들의 사람을 대하는 방식이었다.

덴마크 사람들은 다정함 속에 폐쇄성을 지니고 있다는 것이다. 그들은 '유럽의 일본인'이라고 부르고 싶을 정도로 이방인에게 무척 친절하다. 길을 물어보면 직접 데려다 주는가 하면, 모든 대화의 처음과 끝에 미소를 잊지 않는다. 하지만 타인과의 관계 사이에 투명하고 폐쇄적인 방어벽을 만들고 거리를 유지한다고 한다. 다만, 그 방어벽이 허물어지면 놀랍도록 매력적인 진짜 덴마크 사람들의 친구관계를 경험할 수 있다고 했다. 막 덴마크에 도착한 우왕좌왕하는 여행자가 아니라, 덴마크에서 한두 학기 이상 보낸 외국인 학생들의 말이다 보니 꽤 신뢰가 갔다.

그렇게 2~3시간 함께 이야기했을까, 하니시 교수가 나를 바라보며 물었다.

"그래서, 병주 넌 지금 코펜하겐 어디에 묵고 있어?"

"지금은 니엘이라는 친구 집에서 묵고 있는데, 친구에게 사정이 있어서 모레에는 나와야 해. 그다음 어디에서 묵을지는 이제 슬슬 생각해봐야지!"

"그래? 코펜하겐에서 묵을 곳 찾는 게 꽤 어렵지 않아?"

"응, 잘 발달된 도시이다 보니 아무래도 다른 도시보다는 조금 어렵긴 하네."

여행이 장기화되면 언제나 숙소에 드는 비용을 최소화하는 게 중요하다. 행여 잠자리를 제공해줄 친구 집을 구하지 못해 호스텔이나 게스트하우스에서 묵게 되면 그 비용이 그렇게 크게 느껴질 수가 없었다. 나는 각 도시에 도착하기 전, 미리 잠자리를 제공해줄 친구들을 온라인을 통해 만들어두었고 그들 집에서 지내왔다. 하지만 코펜하겐에서는 니엘 이외에 아직 연이 닿은 사람이 없었다. 보통 잘 발달되고 관광객이 많은 도시일수록 무료로 잠자리를 제공해줄 친구를 만나기가 어렵다. 이때, 갑자기 하니시 교수가 황송한 제안을 했다.

"그럼 내 집에서 지내는 건 어때?"

모레부터 출장이 잡혀 있어 일주일 정도 집을 비우는데, 아무도 없을 자기 집에 들어와서 지내라는 것이었다. 한국에서 날아온, 딱 봐도 배고프고 돈 없어 보이는, 처음 본 젊은 동양인 남자에게 자기 집 열쇠를 건네주겠다고? 교수의 제안을 들은 학생들이 저마다 한 마디씩 하며 재밌어했다.

"그래, 이게 덴마크지!"
"병주! 너 진짜 덴마크 국민성을 단박에 경험하는구나!"

하니시 교수 말에 의하면 2~3시간 함께 이야기를 나누면서 나를 충분히 자기 사람으로 받아들였다는 것이다. 나를 좋은 사람으로 봐주고 집을 제공해준다는 것이 무척 감사했지만, 진짜 열쇠를 받아도 되는 것인가 망설여졌다. 심지어 젊은 여자 교수가 사는 집에 나 혼자 들어가 지낸다니 말이다. 짧은 시간 수많은 생각이 머릿속을 오갔지만, 아무리 아껴도 궁핍한 여정이었고, 매번 숙소를 옮기는 것에 피로를 느꼈던 나로서는 거절할 이유가 없었다.

"진짜 너무 고마워!!"

니엘의 집에서 짐을 챙겨 나온 나는 찬찬히 지도를 보며 하니시 교수의 집을 찾아갔다. 진회색 돌을 차곡차곡 쌓아올린 4층짜리 아담한 아파트였는데, 그녀가 이야기한대로 우체통 안에 손을 넣자 작은 열쇠 하나가 잡혔다. 아직도 하얀색 현관문을 혼자서 열고 집 안으로 들어가던 그때의 오묘한 느낌이 잊히지 않는다.

집 안으로 들어서자 골목에 내려앉아 있던 따뜻한 햇살이 나무로 된 그녀의 집 거실 바닥을 가득 메우고 있었다. 커다란 그림과 하얀색 패브릭 소파가 있는 거실, 거실과 연결된 아담한 부엌, 그리고 집을 나올 때까지 열어보지 않았지만 침실로 추정되는 방까지. 크지 않았지만 정성껏 꾸민 아담하고 포근한 집이었다.

집 안 곳곳은 그녀가 마련했을 소품과 꽃, 책들로 가득했다. 하얀색 냉장고에는 그녀가 남자친구와 함께 찍은 사진도 여럿 붙어 있었다. 남자친구도 있는데 잘 모르는 젊은 남자를 집에 들였다는 사실을 깨닫고 한 번 더 어리둥절했다. 하지만 그녀의 호의 덕에 그곳에서 나는 5일간 편안하고 포근한 마음으로 머물렀다.

과연 처음 본 이방인에게 나는 열쇠를 건네주고 홀연히 집을 떠날 수 있을까. 미국 학생들이 말한 대로 하니시 교수의 행동이 덴마크 사람들의 진짜 모습이라면, 그들은 상대를 대할 때 매우 솔직하고, 내가 평소 사람들에게 하는 것 같은 과장이나 포장이 적은 게 분명하다. 아무에게나 쉽게 마음을 열지 않는다고 하지만, 한 사람을 믿기로 했으면 무엇이든 줄 수 있다는 덴마크 사람들의 태도와 생각. 다시 생각해도 놀라웠다.

솔직히 당시 하니시 교수가 어떤 이유로 나에게 황송한 제안을 선뜻 했는지는 아직도 잘 모르겠다. 다만 한 가지, 진심을 다해 스스로의 마음을 거리낌 없이 열고 공유할 수 있는 친구들이 주변에 많다면, 그 삶은 충분히 위로받고 든든하고 행복할 수 있을 것이란 점은 확실하다. 비록 덴마크 사람들이 사생활을 우선하고 개인주의 성향은 강해도, 진정한 관계 앞에서는 언제나 마음을 활짝 열고 적극적이라는 점, 이는 그들을 행복하게 만드는 또 하나의 조건이 될 것이다.

안정적인 노년,

은퇴가 기회가 되는 곳

앤 프랭크는 인터뷰 차 만난 친구로부터 소개를 받은 60대 중반의 여성으로 나는 그녀로부터 감사하게도 저녁식사 초대를 받았다. 잠자리를 구하느라 여러 나라에서 현지인의 집을 드나들었지만, 정식으로 식사나 파티에 초대받는 일은 언제나 설렌다. 그녀의 집은 코펜하겐 근교 알베르트슬룬Albertslund에 있었는데, 메일로 받은 주소 한 줄과 지도 한 장을 달랑 들고 길을 나섰다.

　남미에서는 알아듣기 힘든 스페인어가 나를 곤란하게 했다면, 덴마크어는 내용은커녕 글자조차 알아보기 어려워 지도만 들고 장소를 찾는 일이 여간 어려운 게 아니었다. 그래도 앤이 이야기한 정통 덴마크식 저녁식사라는 게 궁금하기도 했고, 마침 근방에 있는 초등학교 학생들의 인터뷰가 극적으로 섭외되면서 들뜬 마음으로 버스에 올랐다.

알베르트슬룬은 코펜하겐 중심부에서 서쪽으로 15Km 정도 떨어진 작은 도시로, 앤은 은퇴 후 이곳에서 남편과 함께 살았다. 덴마크에서는 여러 가지 형태로 노인들에게 주택을 제공한다. 앤이 살고 있는 집은 노인들끼리 모여살 수 있도록 조성된 공동주택이었다. 아담한 1층 주택이었는데, 4채의 집이 네모 난 정원 쪽으로 테라스를 내 정원을 공유하는 모양을 하고 있었다. 이런 집들이 길을 따라 이어져 있는 마을은, 마치 노인들의 복지를 위해 계획된 마을 같았다.

덴마크 정부는 이런 주택을 제공함으로써 노인들에게 가장 기초적인 주거복지를 실현했을 뿐 아니라, 노인세대 관리의 효율성을 동시에 높인 것이다. 또 노인들의 커뮤니티를 자연스럽게 형성해 노인문제에서 큰 부분을 차지하는 외로움과 우울감을 효과적으로 줄였다. 앤의 집에 들어서는 순간, 굉장히 아늑하고 잘 꾸며진 집이라는 느낌을 받았는데, 북유럽 가구 브랜드 광고에 나올법한 감성의 예쁜 집이었다.

평생 유치원 선생님으로 지내다가 이제 막 은퇴한 앤은 백발에 인자한 미소를 지니고 있는 친구, 아니 할머니였다. 오랜 시간 아이들과 함께 했기 때문인지 매 순간 그녀에게서는 온화하고 따뜻한 성품이 느껴졌다. 앤이 정성껏 준비한 정통 덴마크식 저녁식사를 함께 하며 늦은 시간까지 그녀 부부와 덴마크와 한국의 행복에 대해 이야기를 나누었다. 다음 날에는 그녀의 집에 놀러온 옆집 아이들과 놀기도 했고, 근처 공원에 나가 강아지를 산책시키기도 했으며, 앤과 함께 식사도 준비하면서 잠시나마 덴마크 사람들의 생활을 경험해볼 수 있었다.

만약 한국이라면 60대 중반의 어르신과 편한 친구처럼 어울리기 어려웠을 게 분명하지만, 그녀에게서 그런 불편함은 전혀 느낄 수 없었다. 관계가 어느 정도 편해질 즈음 조심스럽게 은퇴 후의 삶에 대해 물었다. 아무리 편해도 세심한 배려가 필요한 질문이라고 생각했다. 하지만 우려와 달리 그녀는 은퇴 후의 삶에 대해 놀라운 대답을 했다. 적어도 대한민국에서 온 나는 굉장히 놀라웠다.

"이제 내 나이도 60대 중반이고, 은퇴도 했어요. 덴마크 사람들에게 은퇴는 기회예요. 하고 싶은 일이 많아서 기대하는 마음으로 은퇴 후의 삶을 보내고 있습니다."

맙소사, 그녀는 분명 스스로 은퇴 후 삶이 기회라고 표현했다. 은퇴 후의 삶이 기대되는 나라라니, 우리의 정서나 현실과는 너무 다른 이야기라 실감이 나지 않았다. 심지어 공통 질문 중 두 번째였던 현재의 걱정거리를 묻는 질문에 대한 대답은 더 가관이었다. 심각한 표정을 지으며 지구온난화를 걱정했기 때문이다. 당장 오늘 무슨 일을 할 수 있으며, 내일은 무얼 먹고 살아야 할지가 아니라 말이다.

2019년 현재 OECD 국가의 노인 빈곤율 데이터를 보면, 한국은 43.8%(2017년 자료 기준)로 OECD 최하위라는 불명예를 갖고 있다. 반면 덴마크는 3%(2016년 자료 기준)로 아이슬란드에 이어 두 번째로 낮은 노인빈곤율을 기록했다. 최상위권과 최하위라는 타이틀 비교보다 더 참담한 것은 15배에 가까운 절대적인 수치 차이다. 더 이상 이런 수치가 어색하지 않은 건 프로젝트를 진행하며 앤을 만났던 당시에도 한국은 OECD 노인빈곤율 최하위 국가였기 때문이다.

노인 스스로가 은퇴 후의 삶을 기회라고 말할 수 있는 덴마크의 노인복지를 보며 국가가 존재하는 이유를 다시 한 번 생각하게 된다. 앤과 같이 덴마크 노인들의 삶이 평화롭고 여유가 넘치는 데는 단순히 노인문제를 해결하는 데 급급한 게 아니라 노년의 삶을 중요한 가치로 보는 국가 시스템의 뒷받침이 있기 때문이다. 당시에도 덴마크는 GDP의 11%가 넘는 비용을 노인복지에 지출하고 있었고, 세계에서 가장 안정적이라고 일컬어지는 연금제도를 비롯해 주거와 의료 등 각종 노인 케어 및 복지 시스템이 잘 정착되어 있었다. 앤은 이제 막 복지혜택을 받기 시작한 막내였다.

덴마크 노인들의 은퇴 후의 삶이 행복한 이유가 단지 재정적인 뒷받침 한 가지 때문만은 아니다. 앤의 집에서의 마지막 날 밤, 거실 소파에 앉아 이야기를 나누던 그녀가 갑자기 일어나 책장에서 조그만 액자를 하나 들고 왔다. 액자 속에는 어여쁜 젊은 여성이 한 명 있었는데, 이야기를 들어 보니 사진의 주인공은 그녀의 딸이었다.

딸은 몇 해 전 갑작스럽게 암으로 세상을 떠났다. 큰 슬픔에 빠졌던 그녀가 다시 원래의 모습으로 돌아올 수 있었던 건 다름 아닌 마을 공동체 덕분이었다고 한다. 공동체 사람들은 앤에게 딸의 존재가 어떤 의미인지 이해하고 위로하며 그녀의 슬픔을 함께 나누어주었다. 앤에게는 딸의 장례식에 찾아온 지인들의 일시적인 위로뿐만 아니라, 곁에서 함께 살아가는 이들의 진정한 위로와 보살핌이 슬픔을 극복하는 힘의 원천이 되었다는 것이다. 덴마크는 이런 공동체들 또한 시스템적으로 잘 마련하고 있다. 앞서 소개한 공동주택이 그 한 가지 예이기도 하다.

앤으로부터 덴마크 노년세대의 편안한 삶을 엿보며, 우리나라의 노인들이 생각이 나서 너무 속상했다. 불안한 은퇴 후의 삶을 위해 프랜차이즈를 시작했다가 퇴직금을 몽땅 날렸다거나, 점심시간 무료 급식소에 긴 줄을 선다거나, 다른 노인들이 가져가기 전에 폐지를 줍기 위해 새벽같이 일어난다는 대한민국 노인세대의 모습이 내내 머릿속에 맴돌았기 때문이다.

최근 금리 저하로 북유럽 국가들의 탄탄한 연금제도에도 비상등이 켜졌다는 이야기가 들려온다. 노인인구 증가와 평균연령 상승에 따라 덴마크를 포함한 여러 나라들의 은퇴시기 또한 법적으로 늦춰지는 추세다. 우리나라도 마찬가지로 노인세대 비중이 급격하게 늘고 있어 더 큰 사회문제가 야기될 것은 불 보듯 뻔하다. 게다가 덴마크와 달리 아직 제대로 노인복지 문제는 논의조차 되지 않고 있지 않는가. 공포감마저 드는 게 사실이다.

대한민국에도 안정적인 삶의 기반을 바탕으로 건강하고 행복한 삶을 살아가는 노인들이 많아진다면, 우리 사회는 오히려 전에 없던 새로운 활력을 얻게 될 것이다. 덴마크라는 아주 먼 곳에 있는 나라의 은퇴 후 삶을 이야기하며, 어쩔 수 없이 국가 시스템의 중요성을 여러 차례 거론하게 된 듯하다. 북유럽의 수준 높은 복지 시스템이 여전히 비현실적이라고 생각되는가? 우리가 절대 잊지 말아야 할 중요한 사실이 있다. 결국, 이토록 완벽해 보이는 국가의 시스템을 제안하고, 활용하고, 수정하고, 완성해가는 건 국가가 아니라 바로 국민들 스스로라는 점 말이다.

덴마크를 떠나면서 앞에서 언급한 이 나라의 부정적인 타이틀에도 불구하고, 완성형 행복의 모습을 갖춘 곳이라는 걸 인정하지 않을 수 없었다. 개인의 결핍을 국가의 시스템이 보완하고, 국가의 시스템이 미처 돌보지 못하는 사각지대는 공동체를 구성하는 다른 국민들의 힘으로 보완할 수 있는 사회를 직접 목격했다.

국가 시스템, 그 시스템이라는 것이 사회 안에서 유기적으로 작동하고, 국민들의 삶에 실질적이고 긍정적인 영향을 미친다는 것이 신기했다. 행복이나 삶의 만족도라는 것이 철저하게 개인의 영역 안에서만 발생하고 영향을 받는 것이라고 생각했기 때문이다.

덴마크의 국가 시스템은 이런 나의 생각을 정면으로 반박했다. 국가가 국민에게 미치는 영향은 생각보다 크고, 그 영향력은 개인의 삶과 균형을 맞추며 아주 의미 있게 작동될 수 있다. 그렇다고 모든 덴마크 사람들이 항상 행복하고, 국가의 모든 시스템을 좋아한다는 말은 아니다. 그러나 분명 나는 다른 나라에서 보지 못한 새로운 차원의 행복을 이곳 덴마크에서 확인할 수 있었다.

덴마크를 끝으로 애초 계획했던 모든 프로젝트 일정은 마무리됐다. 철저하게 현실적일 거라고 생각하고 출발했던 행복에 대한 내 접근이 어느 순간부터 너무 이상적으로 흘러온 건 아닌지 모르겠다는 생각도 들었다. 떠나기 전 그토록 간절한 마음으로 바라고 바라던 행복이 여행 중에 만난 수많은 사람들에게는 너무도 간단하고 쉬워 보였기 때문이다. 마치 나도 그들이 된 것처럼, 내게 처한 환경을 까마득히 잊고 말이다.

길 위에서 만난 사람들

덴마크

미셸Michel | 33세, 남, 공무원

Q 당신은 행복한가요?
행복해요!

Q 무엇이 당신을 행복하게 하나요?
지금 전 배고프지 않고, 오늘 햇살도 좋고. 사랑하는 가족과 직업, 여자친구, 그리고 집? 친구들? 지금 생각나는 건 그래요.

Q 당신 생각에 덴마크 사람들이 행복한 것 같아요?
흠…… 그건 행복의 의미를 어떻게 받아들이냐에 따라 다를 것 같은데요. 전반적으로 봤을 때는 아마도? 근데 확신은 못 하겠어요. 어떤 기준으로 행복을 측정하느냐에 따라 달라질 수 있다고 생각해요.

Q 당신이 걱정하는 건 뭐예요?
내 건강에 대해서? 아니면 음, 지구온난화? 그런데 꼭 인생에서 걱정하는 게 있어야 하는 건 아닌 것 같아요.

Q 좋네요, 정말 좋네요! 그럼 인생 전반의 목표 같은 게 혹시 있나요?
인생 전반의 목표가 있다고는 못 하겠는데, 그런 걸 가져야 한다면 내가 하는 일을 좋아하고, 싫어하는 일이 있다면 좋아할 수 있도록 바꾸는 것 정도가 목표가 될 것 같아요.

길 위에서 만난 사람들

덴마크

마야Maya | **23세, 여, 대학생**

Q   당신은 행복한가요?
   행복해요.

Q   무엇이 당신을 행복하게 하나요?
   오늘 같은 햇살이 저를 아주 행복하게 만들지요. 제 생각에 햇빛은 덴마
   크 사람들한테 아주 중요한 요소거든요.

Q   전반적으로는요?
   국민을 챙겨주는 복지 시스템이요. 그리고 개인적으로는 사랑하는 가족
   과 친구들인 것 같아요.

Q   돈이나 좋은 집 같은 물질적인 요소가 당신을 더 행복하게 할까요?
   경제적인 부분에 대해서 많이 고민을 하지 않아요. 지내기에 부족함이 없
   으니까요. 저는 정부로부터 매달 4500크로네 정도를 학과 과정이 끝나는 6
   년 동안 받아요. 그 돈으로 음식을 사고, 합당한 삶을 누릴 수 있죠. 그 이상
   은 굳이 필요하지 않아요. 그런 게 없어도 행복하게 하는 것이 많거든요.

Q   아, 그럼 걱정하는 게 있나요?
   음, 걱정이 있다면, 환경적인 이슈들이 날 초조하게 해요.

Q   인생의 목표를 말해주세요
   인생의 목표? 글쎄, 잘 모르겠어요. 직장을 구하는 거? 매일 만족하면서 사는 거? 아
   마 그 정도일 것 같아요. 앞으로의 10년을 고민해야 하는 목표 같은 건 없어요. 그
   냥 하루를 제대로 살지요.

길 위에서 만난 사람들

덴마크

넬슨Nelson | 41세, 여, 카페 주인

Q 당신은 행복한가요?
그럼요. 전부 다요! 내 삶, 내 남편, 내가 사는 곳, 내가 하는 일, 내 친구들 모두 다요!

Q 카페를 운영한다고 하셨는데, 혹시 세금은 얼마나 내세요?
45% 정도 내고 있어요.

Q 너무 많다고 생각하지 않나요?
제 생각엔 괜찮은 것 같아요. 그 대신 무엇을 받게 될 것인지를 생각해보면 말이죠. 덴마크의 좋은 시스템도 그렇고, 학교나 병원이나 의사면담 같은 것도 모두 공짜니까요.

Q 당신은 학생이 아닌데도 당신이 낸 세금으로 학생들이 공부하는 거네요
물론 전 이제 학생이 아니죠. (웃음) 하지만 학생들이 공부하도록 도와주는 건 진심으로 중요하다고 생각해요. 저뿐만 아니라 대부분 그렇게 생각할 거예요.

Q 돈이나 좋은 집 같은 물질적인 요소가 당신을 더 행복하게 할까요?
돈은 참 중요하죠. 돈이 있어야 원하는 걸 할 수 있으니까요. 그렇지만 그보다 나한테 더 중요한건 사회적인 관계예요.

Q 인생의 목표를 말해주세요
잘 모르겠어요. (웃음) 당신 목표는 뭐예요?

길 위에서 만난 사람들

덴마크

마틴Martin | **31세, 남, 직장인**

Q 덴마크가 가장 행복한 나라로 자주 뽑힌다는 이야기 들어본 적 있어요?
들어본 적은 없지만, 그럴 수 있다고 생각해요.

Q 당신은 행복한가요?
행복해요. 곧 아빠가 되거든요. 날씨도 좋고, 사람들은 친절하고. 행복하지 않을 이유가 없잖아요?

Q 돈에 대한 생각은 어때요? 물질적인 요소들이 당신을 행복하게 해줄까요?
행복이 그렇게 많은 걸 의미하진 않아요. 중요한 건 좋은 교육을 받고, 적당한 돈을 벌고, 좋은 삶을 살고, 그 삶을 자녀에게 물려주는 거죠.

Q 지금 걱정하는 건 뭐예요?
(당황하며) 딱히 걱정하는 건 없는데요.

Q 인생의 전반적인 목표가 궁금해요
사실 인생 전반을 위한 목표는 아무것도 없어요. 앞으로 어떻게 될지 특별히 고민하지 않고 하루하루 삶을 살고 있는 것 같아요.

Q 이곳에서는 그런 생각이 일반적인가요? 꽤 많은 덴마크 사람들을 인터뷰했는데, 다들 장기적인 인생 계획이 없다고 하더라고요
다른 사람들은 잘 모르겠어요. (웃음) 하지만 누군가 장기적인 목표를 갖고 있다고 하더라도, 그 사람들 역시 단기적인 목표를 갖고 하루하루 사는 건 동일할 거예요!

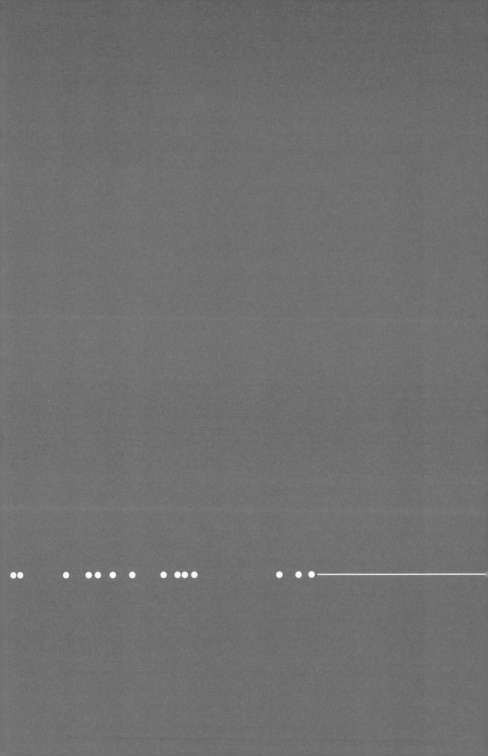

지금 당장 실현 가능한
행복의 비밀

행복한 나라 사람들의

공통점

모든 여정이 끝났다. '뉴욕 월스트리트의 증권투자가와 몽골 초원의 목동, 둘 중 과연 누가 더 행복할 것인가!'에 대한 밑도 끝도 없는 궁금증으로 시작된 이 프로젝트는 한국을 떠나 북미와 중미, 남미를 거쳐, 오세아니아와 유럽 대륙을 돌고 나서야 처음 제자리로 돌아왔다. 비록 황당한 질문에서 출발했지만, 내 손에는 출발 전과 다르게 각기 다른 모양의 카드 다섯 장을 쥐게 되었다.

관계의 에너지가 가져오는 행복을 알려준 코스타리카가 그 첫 번째 카드이고, 행복을 위해 투쟁하는 삶을 살아가는 모습을 보여준 베네수엘라가 두 번째 카드이다. 성장 지향적인 국가들과 달리 원초적인 모습 그대로의 행복을 누리던 바누아투와 국가 위기 상황에서도 국가에 대한 신뢰를 바탕으로 개인의 삶을 지켜내던 아이슬란드가 각각 세 번째와 네 번째 카드이다. 마지막으로 탄탄한 복지 시스템과 안정감 있는 삶을 바탕으로 만드는 행복을 알게 해준 덴마크가 다섯 번째 카드이다.

과연 이 다섯 장의 행복 카드에는 내 궁금증에 대한 보상이 될 만한 적절한 해답이 들어 있을까. 그들의 사고방식이 전혀 이해되지 않을 때도 있었고, 머리로는 이해되지만 나를 비롯해 대한민국에서 살아가는 사람들의 삶을 떠올릴 때면 한없이 답답해지는 경우도 많았기 때문이다.

프로젝트 〈행복의 차원〉 가설

행복한 나라로 평가되는 나라들은 각자 처한 상황이 다르다. 그러나 만약 그들 모두에게 공통된 질문을 던졌는데 공통된 답변이 발견된다면 어떨까? 그것이 또 다른 국가에 살고 있는 나와 우리나라 사람들에게도 적용할 수 있는 '일반적 사실'일 수 있지 않을까. 그것이 무엇인지 알게 된다면 나와 대한민국은 지금보다 더 행복해질 것이다.

위 가설은 프로젝트를 시작하기 전에 세웠던 가설이다. 보기에 따라 엉뚱하겠지만, 시작할 수 있는 용기를 주었고, 프로젝트 중 힘든 순간을 마주할 때마다 나를 지탱해준 기준이 되기도 했다. 나는 이를 기준 삼아 행복한 나라로 평가되지만, 서로 다른 상황에 처한 5개의 나라를 실제로 방문했고, 그곳에서 살아가는 사람들에게 공통된 질문을 던졌다. 그리고 그들로부터 공통된 답변 몇 가지를 찾아낼 수 있었다.

공통된 답변이 대한민국에서도 마무리되어야 이 가설은 검증이 완료되겠지만, 행복한 나라 사람들이 보여준 행복의 요소들이 또 다른 상황 속에서 살아가는 대한민국 사람들에게도 적용될 수 있는 일반적 사실이라고 나는 분명히 믿는다. 그리고 이를 통해 지금보다 더 행복해지기를 희망한다.

앞에서는 행복한 나라에서 만난 몇몇 인물을 중심으로 그들의 삶과 행복을 들여다보았다면, 지금부터는 내가 만난 150여 명의 사람들의 답변에서 발견된 공통점을 정리해볼 것이다. 이 책을 읽고 있는 당신도 각자 한 명의 인터뷰이가 되어 다섯 가지 공통 질문에 답해보며 직접 동참해볼 것을 제안한다. 그러고 나서 행복한 나라에 살고 있는 사람들의 생각과 비교하면 그 차이점이 더 명확하게 다가올 것이다. 다만, 질문에 답을 할 때는 깊이 고민하지 않는 것이 좋다. 고민이 길어질수록 스스로를 방어하는 답변만 하게 될 수 있기 때문이다.

자, 당신은 지금 카페에서 친구를 기다리고 있다. 그때, 한 외국인 청년이 불쑥 다가오더니 행복에 대한 간단한 인터뷰에 응해줄 것을 요청한다. 이런 인터뷰 자체가 익숙하지 않지만, 잠시 고민한 뒤

요청에 응하기로 한다. 이 외국인 청년에게 이야기한 나의 생각이 당장 내 주변의 상황을 불편하게 만들 일은 없을 테니까 말이다. 이제 외국인 청년이 아주 간단한 다섯 가지 질문을 하나씩 던진다. 당신의 솔직한 생각을 기대하면서.

---

1. 당신은 행복한가요?

⇨

2. 무엇이 당신을 행복하게 하나요?

⇨

3. 지금 걱정하는 건 무엇인가요?

⇨

4. 돈이나 자동차 같은 물질적인 요소가 당신에게 의미
   하는 건 뭔가요?

⇨

5. 인생의 목표를 말해주세요

⇨

질문1. 당신은 행복한가요?

"제가 행복하냐고요? 그럼요~ 저 행복해요."

"물론이지!"

"응! 나 정말 행복해!"

프로젝트 중에 만난 거의 대부분의 사람들은 자신의 삶이 행복한지 묻는 질문에 아무런 망설임 없이 긍정했다. 물론 내가 방문한 나라들은 어떤 이유에서든 객관적으로 '행복한 나라'라고 소개된 곳이고, 그곳에서 살아가는 사람들이 행복한 삶을 산다는 건 그리 이상한 전개가 아니다. 어찌 보면 꽤 자연스러운 상황이고, 그래야만 그들로부터 내가 여행을 하는 이유도 찾을 수 있을 것이다.

하지만 여러 나라를 거치면서 동일한 대답이 쌓이자, 미처 생각해보지 않았던 의문들이 생겼다. '정말 이렇게 다들 행복한 거야?', '혹시 젊은 동양인 앞에서 약해 보이기 싫어 그냥 말하는 답 아닐까?', '촬영을 하고 있으니 많은 사람들한테 공개된다고 생각하고 행복한 척 하는 건 아닐까?', '옆에 있는 친구가 신경 쓰여서 좋게 말하는 걸지도 몰라', '그것도 아니라면, 스스로 행복하지 않다고 밝히면 안 되는, 내가 이해할 수 없는 문화적이 요인이 있는 건 아닐까' 하고 별의별 생각이 들었다.

사실 이 문제는 네덜란드 에라스무스 대학에서 '행복에 관한 세계 데이터베이스' 연구를 이끄는 루트 벤호벤 교수도 연구 자료에 기록한 바 있다. 사람들은 실제로 그렇지 못하더라도 다른 사람 앞에서 행복한 삶을 살고 있는 것처럼 보이고 싶어 한다는 것이다. 벤호벤 교수를 만났을 때 좀 더 자세한 이야기를 들을 수 있었다.

"이렇게 생각해볼까요. 행복한 삶을 사는 사람들도 어떤 순간에는 행복하지 않을 수 있지요. 슬픔을 느낄 수도 있습니다. 반대로 생각하면, 불행한 사람도 어떤 순간에는 행복할 수 있는 것 아닐까요? 그래서 제일 좋은 방법은 그들의 삶이 '전반적으로' 어떤 상태에 있는지 묻는 것입니다. 예를 들면, '전반적으로 볼 때 당신은 행복합니까?' 하고 묻는 것이지요. 하지만 여전히 전반적으로 불행한 삶을 산다고 느끼면서도 사람들은 행복하다고 이야기하곤 합니다. 특히 옆에 아는 사람이 있으면 더욱 그렇죠. 이것이 우리가 그들을 PC 앞에 앉게 하고, 그들이 얼마나 행복한지 알아내는 다양한 지표에 '매우 행복/행복/불행'을 단순히 선택하기만 하면 되도록 한 이유죠."

다시 말해, 사람들은 행복에 대한 자신의 상태에 대해 긍정적으로 이야기하는 경향이 있다는 것이다. 나 역시 일리가 있는 말이라고 생각한다. 비디오 카메라 앞에서 자신의 이야기를 해야 하는 특수한 상황에 놓인 나의 인터뷰이들은 혼자 컴퓨터 앞에 앉아 있을 때보다 더 큰 부담을 느꼈을 것이고, 그중 일부는 내 앞에서 행복한 척 했을 수도 있다.

그럼에도 불구하고 벤호벤 교수가 절대 단정 지을 수 없는 부분이 있다. 그것은 바로 내가 만난 사람들의 표정, 내가 던지는 질문에 대한 그들의 거침없는 생각들, 그리고 행복을 찾아 한국에서 찾아온 청년에게 하나라도 자신의 이야기를 더 들려주고 싶어 하던 그들의 눈빛이다. 이는 분명 컴퓨터 앞에서 진행되는 리서치를 기반으로 한 학술적 연구에서는 쉽게 반영하기 어려운 부분이다.

베네수엘라 카라카스에서 작은 수레를 밀며 100원짜리 치차를 팔던 할아버지, 아이슬란드 레이캬비크 시내 한 편의점에서 밤에 아르바이트 일을 하며 미래를 위해 도전하던 청년, 바누아투 포트빌라 바닷가의 조그만 판잣집에서 갓난아이에게 젖을 주던 엄마, 그리고 덴마크 코펜하겐의 공원에 앉아 점심으로 샌드위치를 먹던 직장인들에게서 나는 이를 분명 발견했다. 물론 그들이 컴퓨터 앞에 앉게 된다면 어떤 대답을 했을지 모른다. 그러나 내가 본 그들의 눈빛은 진짜 행복에 대한 확신으로 가득 차 있었다. 벤호벤 교수와의 대화에서 사람들의 전반적인 성향을 이해할 수 있었다면, 내가 만난 인터뷰이들과의 대화에서는 믿음을 갖게 됐다.

첫 번째 질문, '당신은 행복한가요?'를 받아든 사람들은 서로 다른 나라, 완전히 다른 환경 속에서 살고 있었다. 그럼에도 그들 대부분이 현재의 행복한 삶에 대해 단호하게 표현했다. 당신의 대답은 어느 쪽인가? 지금 당신은 행복한가? 혹은 전반적인 당신의 삶은 행복한가? 아니면 매 순간이 불행의 연속인가? 그 대답이 전자에 가깝다면 좋겠지만, 혹시 후자여도 괜찮다. 우리 스스로 삶의 상태를 돌아보고 솔직할 수 있다는 것 자체가 중요하기 때문이다.

앞으로 이어질 네 가지 질문은 좀 더 직접적이고 현실적으로 행복의 이유를 묻는다. 지구 위에 존재하는 수많은 나라들에 비해 상대적으로 행복하다고 선택된 나라에 살면서 주저함 없이 자신의 삶이 행복하다고 말하는 사람들은 왜 스스로의 삶을 행복하다고 말하는지 함께 알아보자.

질문2. 무엇이 당신을 행복하게 하나요?

이 질문을 작성하며 그 누구보다 대한민국 사람들이 어떻게 대답할지 가장 궁금했다. 이 질문에 대한 나의 답은 아무리 아니라고 부정하고 싶어도 결국 '돈'과 관련되어 있었기 때문이다. 다른 사람들도 비슷하지 않을까? 물론 답에 앞뒤로 덧붙인 아름다운 단어들도 많이 있었지만, 그 아름다운 것을 소유하기 위해서라도 결국엔 돈이 있어야 했다. 그것도 꽤 많이.

그나마 막 대학을 졸업할 시기의 젊은이였기 때문일까. 다행히 머릿속에서 한 단어가 마지막까지 '돈'과 치열하게 나를 가장 행복하게 만드는 '무엇'이 되기 위해 다투긴 했다. 바로 '성공'이라는 단어였다. 하지만 이내 그 성공의 척도 또한 돈이나 물질적인 부에 의해서 결정된다는, 뜨끔하고도 부끄러운 인생관의 민낯을 확인하는 일일 뿐이었다.

나는 나를 행복하게 하는 그 '무엇'이 '돈'이라는 데 솔직해지기로 했다. 또 이런 생각을 하는 것이 잘못된 것도 아니라고 본다. 누구나 자기만의 인생관이 있고, 누구나 각자 살아가는 방법은 다를 수 있기 때문이다. 더욱이 대한민국이라는 특수한 환경에서 평생 치열한 경

쟁을 이겨내며 살아온 사람들이라면 말이다. 다만, 문제는 대한민국의
너무 많은 사람들이 나와 비슷한 생각을 가지고 살아간다는 데 있다.

그렇다면 행복한 나라에서 사는 사람들은 자신을 행복하게 만
드는 그 '무엇'을 어떻게 생각하고 있을까. 가장 궁금해할 결론부터
이야기하자면, 그 무엇이 돈은 아니었다. 심지어 대부분은 내가 직접
적으로 물어보기 전까지 행복을 이야기하면서 '돈'이라는 단어조차
거론하지 않았다.

> (당신은 행복한가요?) "그런 것 같아요."
> (무엇이 당신을 행복하게 하는데요?) "음악을 들을 때나, 사람들의
> 웃음소리, 삶에 있어 좋은 것을 누릴 때 행복하다고 느껴요."
>
> _ 베네수엘라, 지넷(19)

> (행복해요?) "물론 행복하죠."
> (무엇이 당신을 행복하게 하는데요?) "학교를 포함해서 내 주변에
> 있는 모든 것들이요."
>
> _ 바누아투, 찰스(22)

> (넌 행복해?) "응, 행복해."
> (정말?) "응, 항상은 아니지. 덴마크 사람들도 문제없이 사는 건
> 아니거든. 그래도 대부분의 시간 난 행복해."
> (뭐가 행복하게 하는데?) "세상의 모든 사람들처럼 내 가족들, 친

구들, 직장 같은 것들?"

_ 덴마크, 애나(28)

대략 이런 식이다. 심지어 '세상의 모든 사람들처럼'이라니. 덴마크의 애나는 착각도 보통 큰 착각을 하며 살아가는 친구가 아닐 수 없다.

이미 발견했을지 모르겠지만 이 몇 가지 인터뷰에는 한 가지 중요한 공통점이 있다. 물론, 앞서 이야기한 것처럼 돈에 대한 언급도 찾아볼 수 없다. 그보다 핵심을 찌르는 공통점은 그들이 지금 가지고 있는 무언가를 통해 행복을 느낀다는 것이다. 가족, 친구, 여자친구, 오늘의 날씨, 자연, 사회제도, 국가처럼 이미 나와 내 주변에 있는 것들 말이다.

이 대목에서 약간의 의심이 들 수도 있겠다. 정말 이런 이유만으로 사람들이 행복할 수 있는 것인지, 혹시 거짓으로 인터뷰를 하는 것은 아닌지, 혹은 이미 물질적으로 안정된 환경에서 살고 있는 사람들의 답변이겠지, 하면서 말이다. 나 또한 처음에는 이런 대답들이 마냥 신기했고 의심이 일기도 했다. 그러나 서로 다른 환경에서 사는 다양한 사람들이 동일한 답변을 하다 보니 결국 진심으로 받아들일 수밖에 없었다.

이 답변에 의심의 눈초리를 없애고 한 번 생각해보자. 어찌 보면 억울할 정도로 매우 간단한 개념이자 행복을 추구하는 방법이다. 그 누구도 내가 가지지 못한 무언가로부터 지금 행복할 수는 없다. 이렇듯 당연한 개념인데 왜 우리는 가지지 못한 무언가로부터 얻게 될 행복에만 집착해 왔을까. 정말 언제 찾아올지 모를 미래의 행복을 위해 지금은 이렇게 힘들고 불행하기만 해야 할까.

마음의 힘만으로 현재의 불행한 삶을 뒤집으라는 것이 아니다. 절대 그럴 수 없다는 것은 앞에서도 이야기했다. 다만, 이미 내 삶에도 스스로를 행복하게 만들 수 있는 무언가가 많이 있는 건 아닌지 차분히 둘러볼 필요는 있을 것 같다. 이미 가진 행복 요소에 지금보다 조금 더 신경을 쓰고 의미를 두어 하루를 계획하면, 우리 역시 행복을 그다지 어렵지 않게 손에 쥘 수 있을지도 모른다.

질문3. 지금 걱정하는 건 무엇인가요?

자신의 삶에 대체로 만족하고 행복을 느끼며 살아가는 사람들은 무슨 걱정을 하며 살아갈까. 설마 행복하다고 해서 아무런 걱정이 없는 건 아니겠지, 하며 장난스럽게 생각하고 편하게 질문을 던졌다. 그러나 인터뷰를 진행하며 종종 당혹감을 감출 수 없었다. 실제 걱정이 없다고 답한 사람들이 꽤 많았기 때문이다.

"글쎄, 딱히 생각나는 게 없는데……."
"나? 별 걱정 없는데?"
"내게 지금 어떤 걱정이 있냐는 거지? 음……."

'에이 설마, 진짜 저렇게 이야기했다고? 그냥 둘러댄 거겠지'

하고 생각할 수도 있을 것이다. 나도 처음 몇 번은 그랬으니 말이다. 하지만 골똘히 자신의 걱정거리를 생각해내려 애쓰는 그들의 표정을 직접 눈앞에서 본다면 그 누구도 그들이 거짓을 이야기한다고는 생각할 수 없을 것이다.

물론 행복한 나라의 모든 사람이 걱정 없이 사는 것은 아닐 것이다. 우리처럼 각자의 걱정거리를 안고 살아간다. 심지어 그들의 걱정거리는 우리의 그것과 크게 다르지도 않다. 각자가 처한 환경에서 해결하지 못한 문제들을 걱정하며 살아가는 건 전 세계 어디를 가나 동일했다. 다만, 개인이 처한 환경의 범위를 어디까지로 볼 것인지 그 개념과 비중을 우리나라와 비교해보면 꽤 재밌는 이야깃거리가 된다. 취업문제, 통장잔고, 애인과의 갈등, 건강문제처럼 지극히 개인적인 걱정거리는 우리와 마찬가지로 그들 역시 지니고 있었다.

다른 점은 그들로부터 듣는 걱정거리가 보통 이 수준에서 끝나지 않는다는 것이다. 심지어 앞에서 말한 지극히 개인적인 걱정거리들은 아예 언급조차 하지 않는 경우도 많았다. 그럼 그들은 개인적인 걱정거리 외에 대체 어떤 걱정거리를 가지고 살고 있을까. 예를 들면 이런 것들이다. 지구온난화, 환경오염, 세계경제, 정치문제, 제3국의 빈곤, 여성인권 같은 당장 개인의 범주를 넘어서는 이슈들 말이다.

"아마 환경적 이슈들? 왜냐하면 실제로 우리가 그걸 위해 하는 게 없으니까, 그게 도전인것 같아요."

_ 베네수엘라, 앙헬리나(26)

"이번 주 토요일에 의회선거가 있어요. 사람들이 아이슬란드를 이렇게 망친 정당에 또 다시 투표를 할까 봐 걱정됩니다."

_ 아이슬란드, 개리(21)

"제가 걱정하는 일은 사실 전 세계적 상황이에요. 지구온난화 같은 건 우리가 처한 정말 심각한 환경문제거든요. 우리는 진지하게 이 문제를 다루고, 더 건강한 상황으로 돌려놓기 위한 해법을 찾아야 할 책임이 있습니다."

_ 덴마크, 앤(65)

나라고 해서 이런 문제들을 결코 심각하게 받아들이지 않는 건 아니다. 다만, 내가 나서서 걱정해야 할 문제로는 잘 여겨지지 않을 뿐이다. 당장 내 앞에 놓인 더 심각한 문제들이 산더미 같으니 말이다. 그렇다면 행복한 나라의 사람들은 왜 이런 걱정을 할까? 그 이유는 그들의 대답 속에 들어 있다. 어느 정도 스스로의 삶에 만족하고 있기 때문에, 자신 이외의 문제를 개인의 도전이자 책임 있는 문제, 또는 걱정거리로 받아들이는 것이다.

이렇게 생각하니 그들이 짧게 언급한 한두 마디 말도 쉽게 듣고 넘길 이야기는 아니다. 걱정하는 일이 익숙하지 않은 삶이나 사회적인 걱정거리를 개인의 영역으로 끌어들인 삶이나 나로서는 모두 부러웠다. 누군가 그랬다. 적당한 수준으로 유지되면, 걱정은 우리 삶에 긍정적인 기능을 하기도 한다고. 그러니 일단 내가 가진 걱정거리를 적당한 수준으로 유지하는 연습부터 해보자.

질문4. 돈이나 좋은 자동차 같은 물질적인 요소가 당신에게 의미하는 건 무엇인가요?

이 질문은 두 번째 질문과 긴밀하게 연결되어 있다. 출발하기 전, 앞에서 내가 솔직하게 고백했던 돈과 행복의 상관관계에 대해 행복한 나라 사람들은 어떤 생각을 갖고 있을지 너무 궁금했다. 결국 이 질문에 대한 명쾌한 해답을 찾지 못한다면, 프로젝트 후 그 어떤 답을 손에 쥐게 되더라도 내 삶에 별다른 변화는 없을 것이라고 생각했기 때문이다.

그래서 사람들을 만나면 노골적으로 질문을 던져보기로 했다. 정도의 차이가 있을 뿐 물질적인 요소는 사람들의 삶과 행복에 지대한 영향을 준다는 생각이 확고했기 때문이다. 하지만 두 번째 질문에서 언급했던 것처럼 그들을 행복하게 하는 그 '무엇'은 결코 돈이 아니었다. 그렇다면 돈은 그들의 삶에 어떤 의미일까? 그때부터 설마하며 준비했던 이 질문이 굉장히 중요해지기 시작했다.

"물질적인 건 별로 의미 없어. 대부분의 행복은 월급 정도로 충분히 얻을 수 있으니까. 네가 좋아하는 게 무엇이든 그걸 하는 게 중요한 거지. 돈은 그저 사람들을 타락시킬 뿐이야."

_ 아이슬란드, 요한(25)

"글쎄요. 풍족하지는 않아도 지금도 이 집에 사는 가족들이 함께 먹고 지내기에 충분하기 때문에 내게 돈은 그리 큰 의미는 아니에요."

– 바누아투, 아도리나(59)

"개인적으로는 물질적으로 풍족하다고 느껴본 적이 없어서 그 삶이 궁금하긴 하지만 반드시 필요하진 않다고 생각해. 물론 물질적으로 풍부하다면 재밌는 일이 더 많이 일어날지는 모르겠어. 하지만, 우리 함께 경험했잖아. 그런 게 아니어도 친구들, 가족들, 맛있는 음식, 우리가 지금 같이 보내는 이 시간만으로 충분히 재미있고 행복하다는 걸 말이야."

– 베네수엘라, 후안(25)

"물론 돈은 참 중요하지. 돈이 있어야 원하는 걸 할 수 있으니까. 그런데 그보다 나한테 더 중요한 건 사회적인 관계야."

– 덴마크, 마이클(30)

　　모든 사람들의 인터뷰 내용을 나열할 순 없지만, 보통은 이런 식이었다. 우리나라 사람들한테도 질문해보면 내 예상과 달리 비슷한 답변이 돌아올까 싶었다. 그래서 설마 하는 생각에 한국에 돌아온 후, 명동 거리에 나가 동일한 질문으로 인터뷰를 진행한 적이 있다. 그러나 슬프게도 내 예상을 크게 빗나가지 않는 답변들만 돌아왔다.

"솔직히 돈은 많으면 많을수록 좋다고 생각해요. 할 수 있는 것이 많아지고, 눈치 보지 않아도 되잖아요. 돈이요? 완전 많이 벌고 싶어요."

"삶의 목적이요. 우리나라에서는 돈이 없으면 고생만 하고 재미없게 살아야 하잖아요. 그래서 저는 지금 직장에서 일을 좀 배우고 나면 독립해서 사업할 거예요. 회사에서 일만 하는 건 미래가 없어요. 제 사업해서 돈 많이 벌고 싶어요."

"좋은 집이나 좋은 차요? 완전 갖고 싶은데요? (웃음) 나중에 결혼해서 제 가정을 꾸렸을 때 좋은 집에서 좋은 차 타면서 살고 싶어요. 그럼 행복할 것 같아요."

인터뷰 내용을 비교해놓고 보니 안타까운 마음이 드는 건 어쩔 수가 없다. 대한민국에서 살아가는 우리는 당장 가지고 있지 못한 물질적인 요소로 인해 현재의 삶을 불행하다고 느끼며 산다는 것이 더 분명해졌기 때문이다. 어쩌면 여행을 떠나기 전 내 모습과 이리도 똑같을까.

정말 우리는 잘못 생각하고 있고, 못난 사고방식에 휩싸여 있는 것일까? 그렇지 않다. 지금까지 소개한 행복한 나라에서 사는 사람들 역시 돈의 기본적인 기능은 부정하지 않고 있기 때문이다. 물질의 소유가 가져오는 긍정적인 기능은 정도의 차이는 있을지라도 내가 방문한 모든 나라에서 동일했다. 그들 역시 더 비싸거나 지금 소유하지 못한 물질에 대한 로망을 가지고 있었고, 동시에 일부 부유한 계층의 생각이나 행동에 반감도 가지고 있었다.

다만 행복한 나라 사람들과 우리 사이에 결정적인 차이가 있다면, 그들은 현재 가지지 못한 것이나 돈으로 대표되는 물질적인 요소 때문에 스스로의 삶을 불행하게 여기지는 않는다는 데 있다. 헷갈리지 말아야 할 점은 물질적인 요소가 행복에 아무런 영향을 미치지 않는다는 말을 하는 것이 아니라는 것이다. 아무래도 우리는 돈과 행복의 상관관계에 대해서 조금 더 현실적이고 객관적인 관점을 익힐 필요가 있을 것 같다.

이번 질문에 대한 당신의 답변은 무엇인지 궁금하다. 분명 대한민국에서 살아가는 우리에게 가장 난이도 높고 큰 변화를 요구하는 질문임이 틀림없기 때문이다.

질문5. 인생의 목표를 말해주세요

내가 인터뷰이들에게 던진 다섯 가지 질문 중 가장 흥미로운 답변에 대해 이야기할 차례다. 정말 문화가 다른 건가 싶을 정도로 답변을 들을 때마다 무척 재미있었다. 인생의 목표를 묻는 마지막 질문을 받아든 대부분의 사람들은 이런 질문 자체가 익숙하지 않은 듯 당황하곤 했다. 개인의 걱정거리에 대한 질문에서 잠시 머뭇거린 걸 제외하고는 어떤 질문과 대화에도 자신의 생각을 술술 이야기하던 사람들마저 당혹감을 표했기 때문이다.

나중에 알게 됐지만 그들이 그토록 당황했던 이유는 대부분 단기적인 목표는 있지만 장기적인 목표는 세우지 않고 살기 때문이었다. 조금 더 이해하기 쉽게 설명하면, 그들은 아직 일어나지 않은 먼 미래보다는 현재에 집중하는 삶을 살아간다고 보면 될 것 같다.

　　이런 상황은 내가 찾아갔던 행복한 다섯 나라에서 모두 동일하게 발생했다. 치열하게 투쟁하며 하루하루를 살아가는 베네수엘라에서도, 실업률 90%의 나라 바누아투에서도, 그리고 세계 최강 복지 국가로 손꼽히는 덴마크에서조차도, 대부분 자신의 인생 목표를 묻는 질문에 쉽사리 대답하지 못했다. 어릴 때부터 꿈을 묻고, 인생 목표가 무엇인지 요구 받고, 매년 초가 되면 올해 계획을 세우는 것이 건설적인 일이라 믿는 우리에게는 참 낯선 모습일지 모르겠다.

　　베스트셀러 작가이자 강연가인 숀 아처Shawn Achor 교수는 하버드 대학 재직 시절 학생들을 상담하며 행복에 대한 연구를 진행했다. 당시 하버드 대학 학생 5명 중 4명이 불행하다는 조사 결과에 따라 그 이유를 연구했는데, 그는 행복에 대한 기존 사회가 지닌 개념이 잘못 된 것이라고 주장한다. 기존에 우리는 열심히 살면 성공하고, 성공하게 되면 행복할 것이라는 공식으로 행복을 찾았다. 그러나 그는 반대로 행복한 삶을 살게 되면 자연스럽게 성공할 확률도 높아진다고 이야기했다.

　　성공지향적인 삶이 보편화된 지금 이 시대에 분명한 시사점을 던진 그의 주장은 많은 사람들에게 삶과 행복에 대한 새롭고 긍정적인 도전을 제안했다. 일어나지 않은 미래의 목표를 위해 현재의 삶을 포기할 것이 아니라 현재의 삶을 먼저 행복하게 사는 것. 어쩌면 내가 찾아갔던 행복한 나라 사람들은 이미 그런 지혜를 삶에서 터득했던 것 같다.

덴마크는 '세계에서 가장 행복한 나라'라는 타이틀을 수없이 거머쥔 행복 국가다. 지난 30년 동안 덴마크 사람들은 서양의 다른 국가에 비해 삶의 만족도 측정에서 높은 점수를 얻었으며, 이런 이유로 그들이 왜 행복한지에 대한 다양한 연구가 이루어졌다. 그중에서 가장 흥미로운 사실 하나를 꼽자면 덴마크 사람들은 삶에 대한 기대 수준이 낮다는 것이다. 실제로 나 역시 덴마크에서 만난 사람들로부터 이런 이야기를 들을 수 있었다.

(인생의 목표가 뭐예요?) "인생 전반을 위한 목표요? 정말 아무것도 없는데, 앞으로 어떻게 될지 특별히 고민하지 않아요. 하루하루 삶을 사는 거죠."

– 덴마크, 캐스퍼(34)

(다른 사람들도 보니까 장기적인 목표가 없던데, 당신은 어때요?) "사실 장기적인 목표 자체는 누구나 가지고 있긴 할 거예요. 근데 그걸 위해 매달리지는 않아요. 우린 그냥 지금 이 순간을 즐기는 거죠."

– 덴마크, 루카스(22)

그들은 우리보다 무언가를 덜 기대하며, 낮은 수준의 기대치 덕에 다양한 상황에서 우리보다 더 쉽게 만족한다. 이게 정말 가능한 이야기라면, 그동안 그토록 매달렸던 행복이란 게 갑자기 너무 쉬워 보여서 맥이 다 풀릴 지경이다. 일각에서는 덴마크 사람들의 행복은 이런 낮은 기대치가 전제되었기에 가능한 것이라며 그들이 행복한 이유를 비꼬기도 한다. 그럼 뭐 어떤가. 덴마크 사람들이 행복하기만 하면 되는 것 아닌가. 오덴세Odense에 있는 남부 덴마크 대학의 전염병학 교수인 카레 크리스텐슨Kaare Christensen은 아래와 같이 이야기한다.

"기대가 비현실적으로 높다면 그것 또한 실망이나 낮은 삶의 만족도의 기초가 될 수 있다."

행복하다고 불리는 나라들은 서로 다른 사회 형태를 지니고 있다. 어떤 나라는 사회적으로 성숙기에 이르렀고, 또 어떤 나라는 매 순간 급박하게 변화가 요구되며, 또 어떤 나라는 쇠퇴의 위기에 놓여 있기도 하다. 따라서 모든 행복한 나라에서 사회적 형태의 공통점은 발견하기가 어렵다. 그럼에도 불구하고, 이곳에서 살아가는 사람들로부터 발견된 공통점이라면, 또 다른 사회에서 살고 있는 우리들에게도 분명 의미가 있을 것이다.

대한민국 사람들은 성장과 경쟁이 매우 중요한 사회에서 살고 있다. 그런 우리에게 당장 삶에 대한 낮은 기대치와 단기적인 계획을 강요할 수는 없다. 그러나 그런 삶이 주는 긍정적인 결과는 앞으로 우리 삶에도 분명한 과제가 될 것이다. 신이 아닌 이상 이 세상의 누구도 미래를 알 수 없다. 당장 한 치 앞 미래조차도 알 수 없으니 말이다. 그 누가 5년 후, 10년 후 미래를 예측할 수 있겠는가. 그런 점에서 행복한 나라 사람들이 보여준, 인생 계획이라는 질문 앞에서의 머뭇거림은 새삼 부럽기도 하다.

다시,

대한민국

행복을 찾아 지구 한 바퀴, 참 많이도 돌아왔다. 결국 프로젝트의 모든 과정이 이 나라, 대한민국에서 조금이라도 더 행복하게 살고 싶은 발버둥에 지나지 않는데 말이다. 그렇게 고민하고, 준비하고, 고생했던 시간들이 과연 우리 나라에서 행복하게 살아갈 수 있는 지혜를 선물해줄 수 있을까. 그리고 나의 여정을 통해 행복한 나라와 그 나라에서 살아가는 사람들의 이야기를 함께 지켜본 당신은 지금 어떤 생각을 하고 있을지도 궁금하다.

자, 이제 우리가 살아가는 대한민국을 돌아보고자 한다. 기왕이면 한 발짝 뒤에서. 우리의 삶이 그렇듯 결코 풀리지 않을 것 같던 고민도 한 발짝만 뒤로 물러서서 바라보면 새로운 시야가 생기고 객관적인 판단이 설 때가 있지 않던가. 날로 심각해지는 경쟁구조, 그리고 그런 사회에서 살아남기 위해 하루하루 몸부림쳐야 하는 대한민국 국민들에게는 어떤 모습의 행복이 가능할까.

　잘 알다시피 지금까지 대한민국의 경제성장은 그야말로 눈부셨다. 2019년 기준 국내총생산, 즉 GDP는 세계 205개국 중 12위이고, 1인당 국민총소득GNI은 이제 3만 5천 달러를 넘어섰다. 또 세계에서 7번째로 30-50클럽에 가입한 인정받는 경제 강국이다. 경제뿐 아니라 다양한 분야에서 우리나라는 비약적인 발전을 이루어냈다. 대한민국의 역사를 멀리 거슬러 올라갈 것도 없다. 현 시대를 함께 살고 있는 노인세대와 장년세대의 어린 시절만 비교하더라도 현재 우리의 삶은 기적 그 자체이다.

　국가의 발전은 발전 그 자체에만 의미가 있는 것이 아니다. 발전의 핵심은 사회 전반의 사람들에게 더 나은 삶을 제공하는 데 있다. 하지만 실제 우리의 삶은 어떠한가. 나라의 발전과 함께 우리는 더 행복해지고 있을까? 과거와 비교하면 천지가 개벽한 수준의 환경 속에서 살아가고 있지만, 왜 우리는 행복에 있어서만큼은 자랑할 것이 별로 없을까.

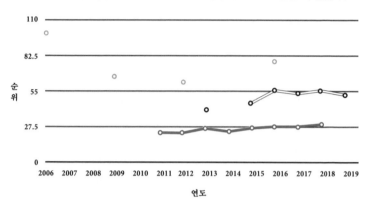

　　UN 행복보고서, 지구촌행복지수, 더나은삶지수는 서로 다른
기준을 가지고, 영향력 있는 나름의 연구 결과를 꾸준하게 발표하고
있기에 개인적으로 주목하는 행복 연구 결과다. 이 세 가지 연구에서
대한민국이 받아든 순위를 연도별로 한눈에 보이도록 그래프로 나타
내 보았다.

　　어떤 기준에서 만들어진 행복지수든 별다른 개선이 보이지 않
고, 오히려 나빠지고 있음을 쉽게 알 수 있다. 그동안 우리가 인터넷
이나 뉴스를 통해 들었던 대한민국의 행복지수와 그에 따른 안타까
운 탄식은 저 그래프 하나하나의 파편이었을 것이다. 나라는 이토록
눈부신 발전을 하고 있는데, 내 삶은 왜 도무지 바뀌지 않는 걸까. 왜
우리만 쏙 빼놓고 다른 나라 사람들만 행복을 누리고 있는 걸까.

　　위 연구들 중 더나은삶지수는 총 11개 부문(주거, 소득, 고용, 커뮤니티 활동, 교육, 환경, 시민 참여, 건강, 삶의 만족도, 안전, 일과 생활의 균형)에 대한 조사를 바탕으로 OECD 국가들의 행복을 연구하고 있다. 나라별로 각 항목에 설명을 덧붙인 흥미로운 리포트를 작성해주는데, 대한민국에 대한 내용 중 특히 나의 눈길을 사로잡은 것이 있다. '한국은 78%의 사람들이 필요할 때 의지할 수 있는 사람을 알고 있다고 생각하는데, 이는 평균이 89%인 OECD 국가들 중에서 가장 낮은 수치이다'라는 코멘트였다. 그동안 가계 가처분 소득이나 삶의 만족도가 OECD 평균보다 낮거나 빈부격차가 상당히 높다는 등의 이야기는 많이 들었지만, 대한민국 사람들이 도움이 필요할 때 의지할 사람이 적다는 사실은 꽤나 신선한 충격이었다.

어릴 적부터 한국사회는 씨족사회이고, 품앗이처럼 서로 도움을 주고받으며 지내는 공동체 문화가 뿌리 깊게 발달한 나라라고 배우지 않았던가. 하지만 성장위주의 정책과 사회가 개인에게 주는 압박 속에서 자기 자신만 보는 경향이 생겼다고 본다. 서구문화의 개인주의와 다르게 주변의 상황과 관계에 미처 충분한 힘을 쏟지 못할 정도로 우리는 바쁘고 정신없이 온갖 어려움과 불만을 홀로 견뎌내고 있었던 것이다.

나는 현재 대한민국이 가진 가장 큰 맹점 중 하나를 여기에서 발견할 수 있었다. 그런 차원에서, 현재 우리 사회에서 논란을 일으키고 있는 근무시간 단축이나 소득 증가, 그리고 개인 시간을 확보해나가는 정책적 방향에는 큰 맥락에서 동의한다. 실행방법이나 시기 등에는 이견이나 논란이 있을 수 있지만, 분명 그런 정책적 도움이 필요한 게 사실이다. 대한민국의 근로시간이 멕시코에 이어 세계 2위인데 업무생산성은 최하위라던가, 20% 이상의 노동자들이 일주일에 50시간 넘게 일한다는 통계 정도는 귀에 못이 박힐 정도로 들어보았을 것이다. 숀 아처 교수가 말했던 개인의 행복 방정식을 좀 더 넓게 해석해볼 필요도 있을 것 같다. 개인 스스로가 삶에 여유를 찾고 행복해지면 생산성도 향상되고, 이는 결국 국가 전체에 이익이 될 것이다.

더나은삶지수 연구를 통해 대한민국의 치열한 경쟁 환경에 따른 개인화에 대해 안타까움을 표했지만, 알다시피 우리나라의 집단문화 자체는 여전히 잘 작동하고 있다. 때론 긍정적으로, 때론 부정적으로 말이다. 하지만 우리나라의 이런 집단문화는 개인의 행복 추구에 있어서 큰 약점으로 작용할 수도 있다. 에라스무스 대학 루트 벤호벤 교수 역시 우리나라의 집단문화에 대해 이미 잘 이해하고 지적했다.

"동아시아 지역, 특히 한국이나 일본의 경우 집단문화가 매우 오래전부터 발달해왔습니다. 이런 문화 속에서는 개인보다 공동체를 우선하기 때문에 이곳에서의 행복은 사회적 요소가 상당히 강하지요. 내가 어떤 가치관을 가지고 내 삶을 스스로 정의하며 살아가느냐보다 집단에서 어떤 가치를 인정해주는지 파악하고 그에 맞는 행동을 했을 때 더 큰 안정감과 행복을 느끼게 될 수 있는 겁니다."

우리가 흔히 말하는 서양의 개인주의 문화에서는 남들의 시선을 크게 개의치 않고 가치관에 따라 스스로 개인의 행복을 점수 매긴다. 반면 우리는 그 점수를 다른 누군가로부터 받는 데 익숙하다. 그 결과 남들이 갖지 못한 것과 남들보다 더 나은 것을 가졌다는 것을 보여주기 위해 무한경쟁에 뛰어드는 악순환이 발생하는 것이다. 남들보다 더 좋은 차를 타고, 남들보다 더 좋은 학교를 나오고, 남들보다 더 좋은 집에 살아야 한다는 강박과 끝없는 비교의 쳇바퀴 속에서 정말 최선을 다해 살아가는 이들, 우리 주변에서 쉽게 만날 수 있는 평범한 모습 아닌가.

어떻게 해야 우리의 삶을 불행과 엮는 이 고리를 끊어낼 수 있을까. 앞에서 개인의 물리적 환경변화를 위해 국가의 정책적 도움이 필요하다고 이야기했다면, 이 부분은 철저히 각자의 몫이다. 오랜 시간 정착된 문화는 쉽게 바뀌기 어렵다. 그러나 10년이면 강산이 변하고, 꾸준히 떨어지는 물방울은 단단한 바위도 뚫는다. 물론 오랜 역사와 함께한 우리의 집단문화가 가진 이로움은 잘 보존해야 할 것이다. 동시에 개인의 가치관과 삶의 잣대를 자신이 속한 집단의 기준에서 구별해내는 연습 역시 꼭 필요하다. 행복은 어디까지나 개인의 영역이 훨씬 크기 때문이다.

앞서 살펴본 세 가지 연구의 그래프가 아래를 향해 동시에 내려가는 날이 하루 빨리 올 수 있기를 바란다.

행복은

당신 마음속에 있지 않다

자, 그럼 대체 우리가 찾아 헤매는 행복은 어디에 있는 것일까. 결론부터 이야기하면, 일단 행복이란 건 당신 마음속에는 없다. 무슨 쌍팔년도 영화 제목처럼 들릴 수 있겠지만, 나는 지금 우리 삶에서 매우 중요하고 심각한 이야기를 하고 있다. 다시 한 번 말하지만, 당신이 그토록 찾아 헤매는 행복은 절대 당신 마음속에 서식하지 않는다. 그리고 우리 대부분은 이 작고 사소한 사실이 각자의 삶에 얼마나 중요한 차이를 만들어내는지 모른 채 살고 있다.

만약 '행복이 마음속에 없다면 도대체 어디 있다는 거야!' 하고 반문한다면, 아마도 당신은 아직 행복에 대해 진지하게 고민해본 적이 없는 것이다. '나는 행복하고 싶어!' 하는 단순한 소망이 아니라 '행복이 대체 뭔데!'에 대한 본질적인 고민 말이다. 나 역시 그랬다. 대다수의 사람들 역시도 그럴 것이다. 우린 행복이 무엇인지 진지하게 고민해보기도 전에 무조건 행복해지고 싶어만 할 뿐이다.

행복이 마음속에 있지 않다는 것은 무슨 말일까. 조금 다르게 이야기하면, 행복은 마음속에서 창조되거나 마음속 어딘가에 고이 간직해두었다가 불행하다고 생각될 때마다 꺼내어 쓸 수 있는 무언가가 아니라는 것이다. 물론, 행복은 하나의 감정 상태이므로 결국 마음 어딘가에서 하나의 감정으로 작용한다. 하지만 우리는 모두 안다. 행복이라는 화려한 감정은 드라이아이스의 새하얀 연기처럼 금세 사라져버리고, 그 알맹이 역시 눈앞에서 감쪽같이 사라져버린다는 것을 말이다. 마음속의 행복이라는 감정은 일시적인 감정의 상태일 뿐이다.

전에는 어쩌다가 작은 행복을 하나 발견하기라도 하면, 의기양양했다. 며칠이고 행복감에 젖어서 세상을 다 얻은 듯 행동했다. 그 순간만큼은 무언가를 먹고 있다는 것, 누군가를 만나고 있다는 것, 내가 할 수 있는 일을 하고 있다는 것, 심지어 숨 쉬고 잠드는 것까지도 기적이 아닌 것이 없다. 그리고 그 행복이 드라이아이스처럼 스르르 자취를 감출 즈음이 되면, 또 다른 행복을 발견하길 손꼽아 기다렸다. 이왕이면 조금 전 내 손아귀를 빠져나간 그것보다는 더 크고, 더 오래 가고, 더 근사한 한 방을 지닌 행복을 말이다. 나이가 들면서 나는 그렇게 점점 더 행복에 궁핍해지고 있었다. 그런 행복은 내 손 안에 오래 머무르지 않는다는 사실을 깨우치려는 노력 따위는 전혀 하지 않고 말이다.

행복이 주는 짜릿한 상태를 결과라고 본다면, 우리가 너무 그 결과에만 집착하고 사는 건 아닐까? 사실 더 골똘해야 하는 건 그 원인인데 말이다. 굵고 큰 한 방의 행복만 찾아 나설 것이 아니라 작고 소소하더라도 '꾸준히 자주' 일어날 수 있는 행복을 찾는다면 하루하루 더 행복해지지 않을까. 행복은 결코 마음속에 존재하지도, 오래 머무르지도 않으니 말이다.

여기서의 소소하더라도 꾸준하고 자주 일어나는 행복은 소위 말하는 '소확행'과는 다름을 분명히 하고자 한다. 소확행은 어려운 삶 속에서 행복에 대한 기대치를 낮추고, 소소하더라도 쉽고 확실하게, 개인의 마음을 달래는 소비나 행동을 통해 행복을 쟁취하자는 것이다. 따라서 전혀 다른 개념이다. 소확행이 자기중심적이고, 소비지향적이고, 일종의 허탈감을 동반한다면, 진정한 행복은 정반대로 작동하기 때문이다. 어쩌면 지금 소확행을 찾아 헤매는 사람들은 '잠시 포기한' 진짜 행복의 조각들이라고 말하는 것이 정확할 것이다.

다시 묻는다. 소확행과는 다르고, 작고 소소하지만 꾸준하고 자주 일어나는 행복은 어디에 있는 것일까? 한 줌의 행복조차도 손에 쥐기 어려운 상황인데 말이다. 아이러니하게도 대부분의 행복은 이미 우리 곁에 서식하고 있다. 그것도 보통은 아주 가까운 내 주변에. 혹시라도 당신 바로 옆에 있는, 그토록 반짝이는 행복을 몰라본다면 절대 행복해질 수 없다.

만약 지금 당신 주변이 불행한 상황들로 가득하다고 가정해보자. 당신은 아름답고 긍정적인 생각을 하며 마음속에서 이를 희석시킨 후 스스로 행복해지고자 노력 중이다. 만약 이것에 성공한다면 당신을 이 시대의 현자로 인정할만하다. 한편, 불행한 상황에 둘러싸인 당신에게 누군가 다가와서, "비록 지금 상황이 부정적이라도 마음먹기에 따라서 당신은 행복해질 수 있습니다. 저도 그렇게 하고 있습니다"라고 말한다면 그 사람은 분명 사기꾼일 것이다.

이번에는 불행한 상황에 둘러싸인 당신이 위로를 얻기 위해 기가 막힌 '소확행'을 찾았다고 하자. 그 위로가 사라지자마자, 여전히 불행한 상황에 놓여 있는 스스로를 마주하며 당신은 다시 우울해 할 것이 분명하다. 물론, 긍정적인 사고방식은 불행한 상황들을 이겨낼 수 있는 힘과 열정을 불어넣는다. 하지만 우리 누구도 그 상태를 행복이라고 말하지 않는다.

아주 단순한 논리다. 내 주변 상황이 불행하면 나도 불행할 확률이 높다. 내 주변 상황이 행복하면 나 역시 행복할 기회가 많아진다. 그러므로 행복해지고 싶다면, 주변 상황에 더 관심을 가지면 된다. 이는 행복한 나라에서 행복한 삶을 살아가는, 내가 만난 모든 사람들을 관통하는 공통점이다. 혹시 '그들이 처한 상황은 지금의 나만큼 어렵지는 않을 거야' 하고 생각하는가? 내 생각에 지금 우리가 처한 상황은 매우 훌륭하다. 물론 각자의 삶은 녹록치 않지만, 그건 전 세계 어디를 가든 마찬가지니까.

아일랜드 더블린 시내 한 건물에서 만난 팀은, 당시 미국 발 서브프라임 모기지 사태로 인한 경제 몰락으로 잘 다니던 직장을 잃은 가장이었다. 그는 아이들을 위해 직접 각목을 재단하고 자르며 놀잇감을 만들고 있었는데, 현재 자신의 무직 상태를 인정하면서도 초연했다.

"스스로 행복하다고 느끼나요?"

"지금 당장은 직장을 잃은 실업자 신세지만, 아이들을 위해 시간을 많이 낼 수 있어 한편으론 행복합니다. 언젠가 다시 일을 하게 될 테고 그렇게 되면 또 새로운 행복이 오겠죠. 행복과 불행은 한 곳에만 머물지 않으니까요."

바누아투 포트빌라에서 만난 한 아기 엄마는 어른 한 명이 눕기에도 비좁아 보이는 작은 판잣집에서 세 명의 아이들과 함께 누워 카메라를 향해 브이를 그리며 방긋 웃어 보였다.

"당신의 삶은 행복한가요?"

"이렇게 사랑스런 아이들이 함께 있고, 오늘 저녁 가족들과 함께 먹을 음식도 있고, 정말 행복해요."

카라카스 시내에서 치차를 팔던 에르난 할아버지 역시 다르지 않았다.

"언제부터 치차를 파셨어요?"

"24년 전, 1986년 12월 14일부터요."

"하루에 얼마나 파시나요?"

"하루에 150잔 정도 팔아요."

당시 치차 한 잔에 100원 정도 했으니 24년 동안 치차를 팔고 있는 이 할아버지의 하루 수입은 대략 우리 돈으로 약 1만 5천 원 정도다. 카라카스에서 지내기에 절대로 풍족한 금액은 아니다. 특히나 베네수엘라는 수입 물품에 대한 의존도가 굉장히 높기 때문에 당장 주변의 남미 국가들과 비교하더라도 물가가 월등히 높다.

"행복하세요?"

"그럼요."

"행복하게 느끼는 이유는 무엇일까요?"

"이렇게 건강하기 때문에 행복합니다."

우리 모두가 처한 상황들은 수많은 어려움을 동반하지만, 그렇다고 절대 우리의 상황이 행복한 나라의 그것보다 못하다고 볼 근거는 없다. 몇몇 인터뷰에서는 또 한 가지 중요한 공통점을 발견했다. 그들이 현재 가진 무언가를 통해 행복을 느끼고 있다는 것이다. 가족, 친구, 여자친구, 오늘의 날씨, 자연, 사회제도, 국가처럼 이미 나와 내 주변에 있는 것들로 행복을 느낀다.

정리를 해보자. 우리가 그토록 찾아 헤매는 행복은 안타깝게도 우리 안에 존재하지 않는다. 하지만 천만다행으로 그 행복은 우리와 아주 가까운 곳에, 그것도 여러 가지 모습으로 동시에 존재한다. 지금 이 순간 행복하고 싶은가? 그렇다면 주변을 한 번 돌아보라. 행복은 절대 마음속에 있지 않으니까.

행복의

일용직

행복한 나라에서 만난 사람들을 통해 확인한 대로 매일 만나는 가족, 친구, 일터, 점심시간의 날씨, 커피 한 잔까지도 충분히 우리를 행복하게 할 수 있다. 이미 갖고 있는 것들로 행복할 수 있다니, 얼마나 든든하고 행복한 이야기인가. 실제로 행복한 나라 사람들은 이렇게 자신 주변의 사소한 것들로부터 잦은 행복을 느끼며 살아간다.

짐작컨대 그들도 어쩌면 행복이 무엇인지, 그것을 어떻게 쟁취할 수 있을지 진지하게 고민해본 적은 없을지도 모른다. 단지 주어진 것에 더 많은 가치와 의미를 두고, 시간과 정성을 충분히 할애하는 행동이 몸에 배어 있는 건 아닐까. 결국 그런 삶의 태도가 그들 스스로에게 행복을 선물한 것이다. 너무나 쉽고 당연한 논리다. 그동안 우리가 지니고 있던 행복에 대한 개념이 억울할 만큼, 행복을 소유하는 간단한 방법이기도 하다.

우리는 행복을 너무 거창한 것으로 생각하고 있었는지도 모르겠다. 그 누구도 내가 가지지 못한 무언가로는 지금 당장 행복할 수 없다. 그럼에도 왜 우리는 가지지 못한 무언가로부터 얻게 될 미래의 행복에만 이토록 집착하고 있을까. 내 이름으로 된 30평대 아파트, 남들이 타는 좋은 차, 그리고 높은 연봉을 갖게 되면 정말 행복해질 수 있을까.

숀 아처 교수는 행복의 개념을 설명하면서, 그가 하버드 대학 생들을 대상으로 진행한 연구 과정에서 발견한 흥미로운 사실을 이야기해주었다. 학생들이 처음 하버드 대학에 입학했을 때 얼마나 행복을 느꼈는지와 상관없이, 약 2주의 시간만 흐르면 모두 경쟁과 불만, 혼란, 스트레스 등에 집중하게 된다는 것이다.

행복이란 건 정말 근사한 것이다. 그렇다고 거창할 필요도 없는 것이 행복이다. 아무리 그 원인이 거창하고 으리으리한 행복이라도, 어차피 모든 행복은 일시적이기 때문이다. 마치 한 번 쓰고 버리는 일회용 카메라처럼 말이다. 학생들이 만약 하버드 대학에 입학하기 위해 노력했던 오랜 시간 동안 삶의 목표를 대학 입학에 한정 지었다면, 금세 크게 허무함을 느끼게 될 것이다. 입학과 동시에 등장한 새로운 목표와 경쟁 환경을 보면서 말이다.

혹시 내가 느낀 행복이 얼마나 유지되는지 생각해본 적이 있는가? 없다면 아주 잠깐 시간을 내서 생각해보라. 매우 공평한 신은 그 누구에게도 평생 보장된 행복을 허락하지 않았다. 이게 과연 불행인지 다행인지 헷갈리지만 말이다. 심지어 하나의 행복이 유지되는 시간은 굉장히 짧다. 굳이 위에 말한 하버드 대학 입학 같은 대단한 행복이 아니더라도, 누구나 비슷한 경험이 있을 것이다.

간절히 원하던 물건을 손에 쥐고 난 후 얼마간 행복했던가? 미치도록 좋아하던 사람과 연애를 시작한 후 얼마간 행복했던가? 최선을 다해 합격한 회사에 출근한 후 얼마간 행복했던가? 사랑하는 사람과 결혼식을 올리고 얼마간 행복했던가? 결국, 무언가를 소유했다는 것, 연애를 시작했다는 것, 취업을 했다는 것, 결혼을 했다는 것, 어떤 형태의 목표를 달성했다는 것 자체가 주는 행복의 순간은 매우 짧다. 그 순간 이후에도 매일매일 삶 속에서 그 행복을 이어가기 위해 또 다른 목표를 갖고 고군분투해야만 한다.

우리 모두는 행복의 일용직이다. 행복에 관해서만큼은 모두 하루 벌어 하루 행복할 수 있는 일용직으로 살도록 동등한 조건에서 태어났다. 오늘 행복했으니 내일도 분명 행복할 것이라고 그 누구도 보장받지 못했으므로, 행복에 대해서만큼은 누구도 정규직일 수 없다.

행복에 관해서만큼은 누구나 코스타리카에서 만난 알레한드로가 말했던 'Ya!'의 개념이 필요하다. '바로 지금 이 순간의 행복' 말이다. 가끔은 예전에 행복했던 기억이 현재 불행한 상황에 놓인 당신에게 새롭고 긍정적인 기운을 불어 넣어줄 수는 있을 것이다. 하지만 그 기억들이 당신의 고통스러운 현재를 행복하게 만들어주지는 못한다.

잊지 말자. 어제의 행복은 그저 기억의 대상일 뿐이다. 행복은 반드시 현재 상태여야만 한다. 그리고 그 감정은 어차피 오랜 시간 유지되지 않는다. 억울해할 필요는 없다. 다행히 우리는 이제 행복의 원인이 굳이 거창할 필요가 없다는 걸 알게 됐으니 말이다. 매일 만나는 가족, 친구, 직장동료, 점심시간의 날씨, 잘 내려진 커피 한 잔만으로도 충분히 행복할 수 있다. 하루하루 행복을 마음껏 누리자. 어차피 우리는 모두 평생 행복의 일용직으로 살아가야 하는 운명이다.

돈과 행복의

상관관계

행복의 기본 원리를 알고 있음에도, 몇 차례 언급한 것 같이 대한민국에서 사는 우리들에게 돈은 행복의 차원으로 들어가는 수많은 요소 중에서도 가장 큰 난관임에 틀림이 없다. 그래서 이 부분을 좀 더고민하고, 명확히 하고자 한다. 과연 앞서 행복한 나라 사람들이 이야기한 것처럼 우리가 행복해지는 데 돈은 별다른 도움이 되지 않는 걸까? 여전히 돈이 행복을 결정짓는 하나의 요소라면, 행복해지기 위해대체 얼마만큼의 돈이 필요한 걸까?

가설 검증 단계에서는 질문에 대한 공통 답변을 바탕으로 돈에 대해 가볍게 접근했다면, 이번에는 좀 더 자세히 다뤄보고자 한다. 아무래도 돈은 우리 삶에서 큰 부분을 차지하는 중요한 요소이므로, 돈과 행복의 상관관계에 대해 조금 더 현실적이고 객관적인 관점을 익힐 필요가 있을 것 같다.

돈은 오랜 옛날부터 매우 중요한 가치의 수단이자 자산의 상징이었다. 반면 돈을 소유하는 것에 욕심을 내는 모습은 다양한 집단사회에서 속되게 여겨지거나 꺼리는 행동으로 치부되어 왔다. 그래서 아름답고 이상적인 '행복이라는 가치'를 돈으로 소유할 수 있느냐 없느냐에 대해 지금까지도 수많은 주장들이 오간다. 과연 돈으로 행복을 소유할 수 있을까, 없을까. 사실 이 질문은 질문 자체에 오류가 있다.

코스타리카로 떠나기 전, 뉴욕 맨해튼 중심에 위치한 뉴욕대학 스턴 경영대학원 한 연구실에서 운 좋게 이 시대 최고의 경제학자 중 한 명인 로버트 H. 프랭크 교수를 만날 수 있었다. 한창 행복에 관한 연구 자료를 찾고 있을 때 그가 쓴 '소득과 행복의 상관관계'에 대한 칼럼을 인상 깊게 읽은 적이 있는데 나의 프로젝트를 소개하며 요청한 인터뷰에 그가 응해준 것이다. 그는 오랜 연구 끝에 도출한 소득과 행복의 상관관계에 대해 다음 두 가지 관점을 설명해주었다.

"소득과 행복에는 상관관계가 분명 존재합니다. 연구 결과에 따르면 높은 소득을 가진 사람들이 보통의 소득을 가진 사람들보다 더 행복하고, 보통의 소득을 가진 사람이 낮은 소득을 가진 사람들보다 행복하다는 것을 발견할 수 있죠. 그래서 결과적으로 같은 나라의 동시대 사람들을 비교했을 때 소득이 높은 사람들이 가장 행복하고, 보통의 소득을 가진 사람들, 낮은 소득을 가진 사람들 순입니다. 그러나 설문에 참여한 고소득자들 중 행복하지 않은 사람들도 있고, 설문에 참여한 저소득자들 중에 매우 행복한 사람들도 있습니다. 이렇게 각각의 데이터에 변수가 있지만, 평균적으로는 고소득자들이 더 행복합니다."

그의 말에 의하면 변수는 있을 수 있지만, 평균적으로 소득이 높을수록 행복하다는 것이다. 그는 소득과 행복의 상관관계를 바라보는 두 번째 관점으로 이야기를 이어갔다.

"그럼 평균적인 소득 수준이 올라갈 때 사람들은 더 행복하다고 느낄까요? 이에 대한 전통적인 결과는 더 높은 소득을 기록했던 해가 더 낮은 소득을 기록했던 해에 비해 반드시 더 높은 행복지수를 기록하는지는 않는다는 사실입니다. 최근 30년 동안 미국이 그런 경우였다고 볼 수 있지요. 미국의 소득 수준은 30년 전과 비교했을 때 확연히 높지만, 그렇다고 해서 평균적으로 사람들이 더 행복한 것은 아닙니다. 이를 해석하면, 행복지수에 영향을 미치는 것은 절대적 소득이 아니라 상대적 소득이라는 것입니다. 중간 정도의 소득을 가지거나 낮은 소득을 가진 사람보다 더 높은 소득을 가진 사람은 항상 존재할 수밖에 없지요. 그래서 상대적 소득에 초점을 맞추면, 모든 사람들의 소득 수준이 같은 비율로 동일하게 올라갈 때, 각 소득층의 격차는 줄어들지 않을 것이고 각 소득 수준의 사람들이 느끼는 행복지수에도 큰 변화가 없을 것으로 예상합니다. 그러나 최근 일부 연구 결과에 따르면, 미국을 제외한 대부분의 나라에서는 모든 사람의 소득 수준이 동일하게 증가하는 경우에도 행복지수 증가가 나타난다고 합니다. 일정 기간 소득이 증가하면 기대수명이 늘어나고 생활환경이 개선이 되는 등 삶의 질을 향상시키는 긍정적인 현상이 다양하게 일어날 것으로 예상되기 때문입니다. 따라서 사실 그렇게 놀라운 연구 결과는 아닙니다. 분명한 건 소득이 행복의 유일한 조건은 아니지만, 상관이 있는 조건 중의 하나라고는 보입니다."

나는 프랭크 교수의 이야기에 전적으로 동의한다. 그의 말을 종합해보면, 결국 소득은 행복에 영향을 미친다. 다만, 그 소득의 정도는 상대적인 개념으로 접근해야 한다. 자본주의 시대를 살아가는 우리는 돈이 행복할 수 있는 기회를 제공할 수 있다는 걸 굳이 부정할 필요는 없다. 나는 이 부분을 더 확실히 인정하기로 했다. 물론, 속세를 떠나 살거나 사회로부터 격리되어 사는 누군가가 있다면 예외겠지만 말이다. 풍요로운 자연이 대부분의 의식주를 해결해주는 바누아투에서조차 사랑하는 아이의 생일에 파티를 열어주려면 케이크가 필요하고, 그 케이크를 사려면 돈을 벌어야 한다.

돈은 섬나라 바누아투에서도, 세계 최고의 복지국가 덴마크에서도, 세계 최대 산유국 베네수엘라에서도, 그리고 우리가 발을 딛고 살아가는 대한민국에서도 중요하다. 행복의 한 가지 도구로서 돈의 역할은 화폐의 개념이 정립된 지구상 모든 사회에서 동일하다고 보면 될 것이다.

여기에서 추가로 해결해야 할 두 가지의 궁금증이 있다. 첫째, 돈이 없는 사람은 행복할 기회조차 없는 것일까? 반드시라고는 할 수 없지만 개인과 가정이 먹고, 자고, 입을 수 있는 기본 생활이 어려울 정도로 돈이 부족한 상태라면, 그럴 가능성이 매우 크다는 걸 냉정하게 인정해야 한다. 그들에게는 행과 불행을 따지기 전에 살아남기 위한 행위들이 선행되어야 하기 때문이다. 다시 말하지만 행복하기 위해서는 기본 생활을 영위할 수 있을 정도의 돈은 반드시 필요하다. 이것이 개인의 행복을 위한 돈의 기본 역할이다.

둘째, 먹고, 입고, 잘 수 있는 정도의 돈이 행복의 기본이라는 이야기인데, 그 정도의 돈이 있다면 우리는 모두 행복할 수 있는 것일까? 그렇다면 그게 대체 어느 정도를 말하는 것일까? 바로 이 부분에서 프랭크 교수가 이야기한, 상대적 소득이 행복에 미치는 영향이 중요하다. 안타깝게도 이는 각 사회가 처한 상황에 따라 서로 다르게 적용된다. 각 사회의 환경과 정서, 그리고 역사와 문화에서조차 분명 영향을 받기 때문이다. 특히 대한민국처럼 개인보다는 집단생활을 중심으로 사회와 문화가 발전해온 나라는 주변의 시선을 많이 신경 쓰기 때문에 상대적 박탈감이 더욱 크다. 주변인을 넘어 심지어 사회 전체 현상으로부터도 박탈감을 느낀다.

이렇듯 돈과 행복의 상관관계는 우리 사회에 매우 어려운 형태로 작용 중이다. 우리 사회는 기본 생활을 영위할 수 있을 정도의 소득만으로는 행복을 느끼기 참 어려운 구조이기 때문이다. 우리에게는 바누아투의 풍요로운 자연 혜택도, 덴마크와 같은 세계 최고 수준의 복지 시스템도 없다. 베네수엘라처럼 세계 최대의 산유국도 아니다. 심지어 프랭크 교수가 이야기한 소득 분배의 격차가 가장 빠른 속도로 진행되는 나라 중 하나이기도 하다.

결론을 내보자. 돈과 행복에는 분명한 상관관계가 있다. 기본적인 인간 생활을 영위할 수 있을 정도의 돈은 반드시 필요하다. 여기까지는 우리 모두 쉽게 인정하고 극복할 수 있는 내용이다. 문제는 한 공동체 안에서의 상대적 소득이 행복에 영향을 미치는 하나의 요소로 작용한다는 점이다. 특히 소득의 격차가 전 세계에서 가장 빠르게 벌어지고 있는 나라 중 하나인 대한민국은 상대적 소득의 허탈감으로 인한 불행감 역시 동시에 빠른 속도로 퍼지고 있다.

하지만 더 이상 좌절할 필요는 없다. 이제 우리는 소득과 돈이 무조건 행복을 보장해주는 건 아니라는 것을 알고 있기 때문이다. 돈은 개인의 행복에 영향을 미치는 하나의 요소일 뿐이다. 돈 이외에도 다양한 행복의 재료들이 우리 주변에 존재한다는 걸 인지하는 게 중요하다. 프랭크 교수 역시 소득이 행복의 유일한 조건이 아님을 이야기하지 않았는가. 그는 인터뷰 말미에 소득보다 인간을 더 행복하게 할 수 있는 요소를 소개했다.

"그 어떤 요소보다도 기질적인 요소가 행복에 더 큰 영향을 미칠 수 있습니다. 당신이 만약 행복한 부부 밑에서 태어나고 자랐다면, 아마도 소득 수준과 상관없이 당신은 행복할 것입니다. 물론 기질적인 요소는 당신이 어떻게 할 수 없는, 불가항력적인 것이죠. 하지만 이외에도 당신이 어떻게 할 수 있는 요소들은 많습니다. 그리고 그중 소득은 중요한 요소 중 하나일 뿐이죠."

돈 이외에도 행복을 쟁취하는 방법들은 분명 여러 형태로 존재한다. 그리고 내가 찾아갔던 행복한 나라 사람들은 이를 삶의 다양한 형태로 직접 증명해주었다. 때론 우리가 필요 이상으로 물질적인 것에만 집착하고 있는 건 아닌지 고민해보자. 어쩌면 돈 이외의 요소를 통해 행복을 추구하는 삶이 현재의 우리들에게는 가장 난이도 높고 큰 변화를 요구하는 영역일 수도 있다. 그러나 개개인이 결국 행복의 차원으로 들어가려면 결국 통과해야만 하는 관문이기도 하다. 당신이 정말로 행복한 사람이 되길 원한다면 말이다.

처음으로 돌아가서 '과연 돈으로 행복을 소유할 수 있을까'라는 질문은 이제 '돈만 가지고도 행복을 소유할 수 있을까'로 수정되어야 할 것이다.

행복의

여덟 가지 재료

이 책의 마지막 장을 덮으면서도 여전히, 우리의 현실은 행복한 나라에서 사는 사람들의 삶이나 행복을 추구하는 방식과 너무 동떨어져 있다고 생각하는 사람들이 있을지도 모르겠다. 만약 그렇다면, 지금까지 하나씩 소개한 행복의 차원으로 들어가는 재료들이 내 몹쓸 글솜씨로 인해 온전히 전달되지 못했기 때문일 것이다.

앞서 이야기한 행복의 원리는 우리 모두에게 분명 유효하다. 행복한 나라 사람들과 우리가 처한 상황은 각각 다를지라도, 손에 쥐고 있는 행복의 재료는 우리와 별다를 게 없기 때문이다. 마지막으로 프로젝트를 마무리하면서 깨달은, 행복의 차원으로 들어가기 위한 행복의 재료 여덟 가지를 소개하고자 한다.

1. 가족들의 삶을 챙기자

부모, 형제, 남편, 아내, 아이들, 친척들까지. 치열하게 하루하루 살면서 가족들과 물리적으로 충분한 시간을 보내기는 어렵다는 것에 나 역시 동의한다. 쉬운 것부터 하나씩 하면 된다. 지금보다 더 자주 연락하자. 지금보다 더 많은 고민을 나누자. 지금보다 더 많이 사랑을 표현하자. 그리고 기회가 되는 대로 자주 만나자. 이것만 할 수 있어도 당신의 삶에 정말 놀라운 변화가 일어난다.

2. 가까운 친구들의 삶을 챙기자

가끔 연락하고, 오랜만에 만나도 좋은 친구가 있다는 건 즐거운 일이다. 하지만 당신의 오랜 친구들 역시 각자의 삶에서 고군분투 중임을 기억하자. 과거의 즐거운 추억을 넘어 현재의 삶을 이해하고 함께 나눌 수 있는 친구가 있다면, 그건 정말 행복한 일이다. 이는 당신의 오랜 친구 입장에서도 마찬가지다.

3. 돈의 기능을 인정하자

가끔 물질적인 것을 내려놓고, 행복을 찾아 떠난 사람들의 이야기를 듣는다. 대개 돈을 내려놓고 생활하다 보면, 이전보다 더 적은 돈에도 집착하게 된다. 기본적인 의식주를 해결할 수 있을 정도의 소득(=돈)은 행복의 필수 조건이다. 자본주의 시대에 돈과 행복의 관계를 굳이 부정할 필요는 없다. 절대 부끄러운 죄악이 아니다. 다만, 돈이 당신의 행복을 보장해주는 건 아닐 뿐더러, 행복한 나라 사람들이 돈을 행복의 중요한 요소로 생각하지 않았음을 잊지 말자.

4. 현재가 아니라, 바로 지금에 집중하자

지금 내가 마시는 커피의 맛과 그 커피가 내 몸으로 들어가 흡수되는 느낌까지 즐겨보자. 업무로 바쁘고, 당장 앞에 앉은 사람과 대화도 해야겠지만 말이다. 지금 내 앞에 있는, 사랑하는 아이에게 온전히 집중해서 노는 것도 좋다. 당장 쇼핑몰 앱에서 장을 봐야 하고, 지인과 주말 일정을 메시지로 주고 받아야 할지라도 말이다. 커피는 깜짝 놀랄 만큼 새로운 맛이고, 아이와의 놀이를 아이보다 더 재밌어할지도 모른다. 혹시 연습이 필요하다면 'Ya'가 그려진 사인펜 시계를 차보는 것도 방법이다.

5. 단기 목표에 집중하자

분명 우리는 부모세대보다 더 오래 살 것이다. 이는 상당히 피곤한 상황이 아닐 수 없다. 심지어 이 때문에 제2의 직업까지 고민해야 하는 시대가 됐다. 대체 우리는 얼마나 먼 미래를 향해, 원대한 목표를 세워야 할까. 단기 목표의 이로움은 그동안 수많은 사람들이 소개했지만, 분명 우리의 행복에도 긍정적인 영향을 미친다. 당장 이루어지지 않을 장기적 목표보다는 짧은 미래에 실현할 수 있는 단기 목표를 하나씩 세우고 이뤄보자. 행복한 나라 사람들이 가장 난처해하던 질문이 바로 인생 계획에 대한 질문이었다는 것을 기억하라. 구체적으로 생각해본 적이 없었으니 너무나 자연스러운 반응이었다.

6. 내가 속한 나라와 사회에 관심을 갖고 행동하자

사실 이것은 나 역시 행동으로 옮기기 가장 어려워하는 부분이다. 정치 걱정은 부모님들이 하는 것이고, 경제 걱정은 나라에서 책임지는 것이고, 나는 그냥 현재 상황에 충실하면서 그 결과에 수긍하면 된다고 생각했다. 혹시 선망하는 나라가 있는가? 사회복지 시스템이 좋은 북유럽국가? 아니면 미국 같은 강대국? 작지만 소신 있게 행동하는 국가들? 그런 나라를 누가 만들어줄 거라고 생각하는가. 그런 나라와 사회는 내가 직접 만드는 것이다. 혹시 지금 나의 상황이 만족스럽지 않은가? 이 또한 나와 우리가 직접 만들어온 결과일 뿐이다. 나를 포함한 젊은 세대는 나라에 조금 더 관심을 갖고 행동할 필요가 있다.

7. 다음 세대에 대한 책임감을 갖자

대한민국의 현재를 살아가는 우리는 부모 세대들로부터 너무도 많은 것을 '거저' 얻었다. 부모 세대들이 이 많은 것을 '거저' 물려주기 위해 이유를 알 수 없는 희생을 하며 얼마나 견뎌왔는가. 누구도 이의를 제기할 수 없을 것이다. 왜 그랬을까. 원동력은 무엇이었을까.

이 땅에 살아갈 다음 세대에게는 당신들이 원치 않던 당시의 삶보다 더 나은 삶을 물려줘야 한다는 책임감 때문이었음이 분명하다. 이 책을 읽고 있는 당신에게 다음 세대는 누구인가? 그들에게 물려줄 것은 무엇이 있을까? 과연 지금 이대로 괜찮은 것일까? 이제 그 열쇠가 우리 손 안에 들려 있음을 잊지 말자.

8. 때로는 싸움꾼이 되자

우리는 때로 싸움꾼이 될 필요가 있다. 나의 행복을 지키기 위해서 말이다. 대부분의 사람들은 당신의 행복에 별다른 관심이 없다. 만약 그들이 자신의 행복을 위해 당신의 불행과 인내를 요구한다면, 지체하지 말고 당신의 행복을 지켜야 한다. 베네수엘라에서 만난 마리솔처럼 언제든 싸울 준비가 되어 있어야 한다. 잊지 말자. 우리 모두는 하루 행복을 벌어 하루 행복할 수 있는 행복의 일용직이다.

행복한 나라 사람들이 경험하게 해준 여덟 가지 행복의 재료는 글로만 보면 정말 간단하다. 어쩌면 뻔하게 느껴질지도 모르겠다. 공공화장실이나 무료 잡지 한 귀퉁이에 써 있는 글귀처럼 말이다. 하지만 많은 사람들이 이 행복의 재료를 알고도 실제 행동으로 옮기는 데는 굉장한 어려움을 느낀다.

둘 중 하나가 원인이다. 결과에 대한 확신이 부족하거나 행복에 대한 각자의 간절함이 부족하기 때문에 적극적으로 행동하지 못하는 것이다. 결과에 대한 확신에 대해서는 앞서 행복한 나라에서 만난 수많은 증인들이 직접 확인해주었으니 넘어간다. 그럼에도 불구하고 당신이 여전히 적극적으로 행동할 의지가 없다면, 행복에 대한 간절함이 아직 부족한 게 아닐까 싶다.

물론, 행복의 여덟 가지 재료를 실천하는 것이 쉽지는 않다. 대한민국에서는 더더욱 그렇다. 온몸으로 부딪혀 깨달은 나 역시 이곳 서울 하늘 아래서 여전히 행복의 차원을 들락거리며 하루하루 행복의 일용직으로 고군분투 중이니까 말이다. 지방에 계신 부모님께 일주일에 한 번 이상 안부전화를 드리겠다는 다짐도 부끄럽지만 지키기 어려울 때가 많다.

그럼에도 감사한 건 나와 당신 주변에는 여러 가지 행복의 재료들이 넘칠 만큼 많이 존재한다는 사실이다. 이를 활용해 각자의 일상에 좀 더 자주 행복의 점을 찍고, 그 점들을 이어 꼭 환상적인 행복의 차원으로 들어가 보길 바란다.

행복의 발견,

그리고 10년

이제 와 돌이켜보면, 나는 스스로 불행하다고 느끼는 삶을 살고 싶지 않다는 단순한 생각에 무작정 지금의 반대편에서 행복을 찾고 있었던 것 같다. 이런 마음은 프로젝트를 마치고 깨달은 생각이 아니라, 사실 처음부터 가지고 있던 것이리라. 이제야 솔직해질 용기가 생긴 것뿐.

나는 비록 금수저는 아니었지만 믿기 어려울 만큼 삼남매를 사랑해주시는 부모님의 헌신 덕분에 남부럽지 않은 환경에서 자랐다. 그리고 어린 시절부터 주특기인 무시무시한 '인내력(화를 겉으로 표현하지 않는 성격 때문에 무디고 인내심이 깊어 보였다는 게 맞겠다)' 덕분에 학교생활, 재수와 대학생활, 심지어 군대생활을 할 때조차 딱히 문제를 일으킨 적도, 휘말린 적도 없이 성인이 되었다. 짧은 인생이지만 아직 고난이라는 단어가 어울릴만한 상황을 제대로 겪어보지 못한 나는 '불행'이라는 단어가 유난히도 싫고 어색했다.

프로젝트를 마치고 깨달은 사실 중 하나는, 여정을 시작하기 전 한국에서 골똘했던 행복과 지금 내가 알게 된 행복이 조금 다르다는 것이다. 내게 행복은 두 가지가 중요했다. 첫 번째는 누구나 그렇듯 스스로 납득할 만큼의 행복한 느낌이 필요하다는 것이었고, 두 번째는 타인이 나를 행복한 사람으로 봐주고 어떤 형태로든 그 사실을 인정해주어야 한다는 것이었다. 두 번째 이유는 내놓고 말하기가 적잖이 부끄럽지만, 솔직하게 고백한다.

사실 이런 행복은 상대적 우월감을 통해 얻는 일종의 자기만족에 지나지 않는다. 나보다 우월한 상대가 등장하면 언제든 무너지기 십상이다. 하지만 당시 나에게는 이 두 가지 행복이 매우 중요하고 소중했다. 그래서 행복을 위한 객관적인 조건이 실제 존재한다면 꼭 알고 싶었다. 시작은 행복에 대한 통계와 연구를 운운하며 삶의 만족도가 뒤떨어지는 대한민국의 현실을 안타까워하는 것이었지만, 결국 그 누구보다 내가 행복한 삶을 간절히 원했던 것이다.

그래서일까. 프로젝트를 진행하면서 혹시라도 이 여행이 아무런 결론 없이 끝나면 어쩌나, 수없이 걱정을 했다. 하지만 다행히 그

여정을 통해 기존에 생각해온 것들과는 전혀 다르지만 틀림없는, 행복의 차원이 존재한다는 사실을 깨닫게 됐다. 이쯤에서 생각해볼 것이 생긴다. 우여곡절 끝에 행복의 차원을 경험한 뒤 지난 10년간 나의 삶은 과연 행복했을까.

결론부터 말하면, 대한민국에서 살아가는 사람이면 누구나 그렇듯 치열한 삶을 살면서도, 나는 지난 10년 참 행복했다. 지금도 역시 참 행복하다. '그렇게 말할 줄 알았어, 뻔하네' 하는 오해가 있을 수도 있겠다. 그러나 처음부터 프로젝트의 결론을 최대한 현실적이고 솔직하게 맺겠다 마음먹고 시작했기 때문에 단지 아름다운 마무리를 위해 상황이나 결말을 꾸며낼 생각은 추호도 없다.

지난 10년의 삶을 짧은 문장 몇 줄로 어찌 충분히 다 표현할 수 있을까. 대학을 졸업하기도 전에 좋아하는 일을 시작하고, 둔감했던 내 심장을 쿵쾅거리게 만드는 사람을 만나 연애를 하고, 그 사람과 행복한 결혼을 하고, 눈에 넣어도 아프지 않을 것 같다는 말을 이해할 수 있게 만들어준 두 아이를 낳는 등 인생의 커다란 사건들은 나를 행복하게 했다.

반면 모든 행복한 사건 앞뒤로 책임을 져야 하는 새로운 상황과 목표들이 나를 끈질기게 괴롭혔다. 일터와 클라이언트 사이에서 회사를 지키기 위해 물리적으로 업무에 많은 시간을 써야 했고, 사랑하는 사람을 실망시키지 않기 위해 노력했다. 가장이 되고나서는 소중했던 내 삶의 방식을 지우고, 전에 없던 막중한 책임감으로 가정에 헌신하는 시간들로 내 인생은 빈자리가 없었다.

이 모든 일이 내겐 굉장히 특별한 경험이지만, 대한민국의 평범한 20~30대 남자의 삶 속에 나 역시 들어가 있었을 뿐이므로 그리 특별한 일도 아닐 것이다. 그러나 지난 10년간의 내 삶을 행복하다고 당당히 이야기할 수 있는 건, 무엇보다 다른 사람들이 행복하게 봐주길 원했던 행복의 강박으로부터 자유로워졌다는 점이 가장 크게 작용한 것 같다. 이 강박에서 벗어나자 다른 사람들이 생각하는 행복에 초점을 맞출 필요가 없었다. 오롯이 내 행복에만 초점을 맞추면 됐다. 이전에는 미처 눈길을 주지 않았던, 내 주위에 산재한 나를 행복하게 하는 것들에 말이다. 그러자 옆에서 나를 바라만 보고 있던 여러 형태의 행복이 모두 내 것이 되었다.

모든 이의 삶이 힘들다는 건 명백한 사실이다. 나 역시 살아가는 매 순간 힘이 든다. 그러나 동시에 모든 삶은 행복할 수도 있다. 단순히 기운 내라고 던지는 응원의 한 마디가 아니다. 2017년은 개인적으로 내 짧은 인생에서 가장 큰 사건이 일어난 해다. 일이 한창 바쁜 시기, 회사를 3개월이나 쉬어야 할 정도로 건강이 급격히 안 좋아졌기 때문이다. 결과만 보면, 나와 가족, 심지어 회사도 굉장히 힘든 시간을 보내야 했지만, 역설적으로 나는 이 시간을 보내고 더 행복해졌다. 이유는 간단하다. 내 옆에 있는 행복의 소중함을 더욱 깊이 깨달았기 때문이다.

행복은 언제든 나를 향해 달려올 준비를 하고 있다. 그것도 나와 가장 가까운 곳에서 수없이 많이 말이다. 아재 개그를 좋아하는 첫째 제인이와의 아재 개그 대결, 출근길에 부모님께 드리는 안부전화,

퇴근길 차 안에서 듣는 기가 막힌 플레이리스트, 평소보다 조금 일찍 퇴근해서 아내 미선이와 함께 하는 육아, 보는 사람이 없어도 소신껏 지키는 법과 약속들, 대한민국 사회의 안정을 위해 소신껏 나누는 친구들과의 현실적인 대화, 잠들기 전 두 아이 제인, 제하와 함께 세계의 아프고 배고픈 아이들을 위해 드리는 짧은 기도까지. 무척 간단하지만 결국 내게 전부 행복이 되어 돌아오는 것들이다.

나의 프로젝트 제목인 〈행복의 차원〉은 '개인의 삶이 전반적으로 행복함을 유지하는 상태'를 뜻한다. 행복의 차원을 산다는 것은, 일회적이고 일시적 감정인 행복의 원인을 이해함으로써, 그 원리를 삶 속에 적용해 전반적으로 행복한 상태의 삶을 살아간다는 것이다. 한 개의 점으로 나타나는 행복의 빈도를 높여보자. 이 작은 행복의 점들을 더 자주 찍다 보면, 결국 무수히 많은 점들은 선이 된다.

도무지 지금의 나는 행복하지 않고, 불행한 삶을 살고 있다고 생각되는가? 행복의 차원을 이해하고 그 방법을 알게 된다면, 누구나 지금과는 비교할 수 없을 정도로 즐거운 삶을 살 게 될 것이라고 확신한다. 그리고 행복의 차원을 살아가는 사람들이 많아질수록 대한민국도 지금보다 멋지고 살 맛 나는 세상이 될 것이 분명하다. 더 이상 유럽이나 미주 지역, 혹은 또 다른 어딘가로 도피하듯 이민 가고 싶다는 생각을 할 필요도 없어질지 모른다. 게다가 그런 세상을 다음 세대에게 물려줄 수 있다면, 그 이상 자랑스러운 일이 없을 것이다.

나는 사람들 앞에서 항상 행복을 이야기한다. 그래서 사람들은 나를 이상적으로 사는 사람이라고 부르기도 한다. 하지만 나는 누구보다 현실적인 사람이기에 행복을 이야기하는 것이다. 행복은 현실이어야 한다. 당신이 5년, 혹은 10년 후에나 손에 쥘 수 있는 월급을 목표로 오늘 하루를 산다면 그것이야말로 이상적인 것이다. 반면 당신이 그보다 훨씬 적은 월급을 받으며 현재 불행하다고 느끼는 것, 그것은 현실이다. 그리고 당신이 현재 받는 그 월급으로도 행복하다면, 그 또한 현실이 될 수 있다.

아, 그래서 '뉴욕 월스트리트의 증권투자가와 몽골 초원의 목동, 둘 중 과연 누가 더 행복할 것인가!'에 대한 답은 찾았는지 궁금한가? 여전히 나는 둘 중 누가 더 행복한지 모른다. 하지만 현재 확실히 아는 것 두 가지가 있다. 첫째, 만약 두 사람 모두 행복의 차원을 이해하며 살고 있다면 분명 둘 다 행복할 것이다. 둘째, 나는 더 이상 그 둘의 행복을 비교하는 데 조금도 관심이 없다는 것이다.

대신 길고 길었던 프로젝트 여정과 이 책을 마무리하며, 당신에게 마지막으로 한 번 더 중요한 질문을 던지고자 한다.

"지금, 행복하세요?"

행복한 나라에서 살면 나도 행복할까

초판 1쇄 발행 2020년 1월 27일
초판 2쇄 발행 2023년 8월 10일

지은이	전병주

펴낸이	한선화
기획편집	이미아
디자인	정정은
홍보	김혜진
마케팅	김수진

펴낸곳	앤의서재
출판등록	제2022-000055호
주소	서울 서대문구 연희로 11가길 39, 4층
전화	070-8670-0900
팩스	02-6280-0895
이메일	annesstudyroom@naver.com
인스타그램	@annes.library

ISBN	979-11-966585-7-1 03300

© 전병주, 2020, Printed in Korea